Cadernos
de TTO

Comitê de redação de TTO

Fausto Leopoldo Mascia

Guilherme Ary Plonski

Laerte Idal Sznelwar

Márcia Terra da Silva

Mario Sergio Salerno

Mauro Zilbovicius

Roberto Marx

Uiara Bandineli Montedo

Cadernos de TTO, n°1

Organizadores: Laerte Idal Sznelwar

Fausto Leopoldo Mascia

Autores: Bruno Maggi

Tom Dwyer

Luiz Antonio Cruz Caruso

www.blucher.com.br

© 2007 Cadernos de TTO

1ª edição – 2007

É proibida a reprodução total ou parcial
por quaisquer meios
sem autorização escrita da editora

EDITORA BLUCHER
Rua Pedroso Alvarenga, 1245 – 4º andar
04531-012 – São Paulo, SP – Brasil
Fax: (11) 3079-2707
Tel.: (11) 3078-5366
e-mail: editora@blucher.com.br
site: www.blucher.com.br

ISBN 978-85-212-0422-0

FICHA CATALOGRÁFICA

Cadernos de TTO / Bruno Maggi, Tom Dwyer, Luiz Antonio Cruz Caruso /
organizadores Laerte Idal Sznelwar e Fausto Leopoldo Mascia
1ª edição - - São Paulo: Editora Blucher, 2007.
Bibliografia.

ISBN 978-85-212-0422-0

1. Administração de empresas 2. Engenharia de produção 3. Ergonomia
4. Inovações tecnológicas 5. Mudança organizacional 6. Organização 7.
Sociologia do trabalho 8. Tecnologia 9. Trabalho e classes trabalhadoras I.
Dwyer, Tom II. Caruso, Luiz Antonio Cruz III. Título.

07-3286   CDD-658

Índices para catálogo sistemático:

1. Tecnologia, trabalho e organização : Administração 658

Sumário

Apresentação da coleção **07**

**A mudança organizacional
do trabalho e da empresa** - Bruno Maggi **15**

**Reflexões sobre o Futuro do
Trabalho** - Tom Dwyer **53**

**Uso de modelos de prospecção por instituições
de formação profissional** - Luiz Antonio Cruz Caruso **75**

Apresentação da coleção

Elaborar uma coleção dirigida para temas de Tecnologia, Trabalho e Organização surgiu, como idéia, já há bastante tempo. A sua efetivação ganha corpo após a realização do 1º Seminário Internacional sobre o Futuro do Trabalho, realizado em 2004 na Escola Politécnica da Universidade de São Paulo (EPUSP).

Consolidou-se, então, a proposta de desenvolver um veículo editorial para colocar em público idéias que ajudassem a suscitar debates sobre temas tão significativos para o desenvolvimento das pessoas, das instituições e da sociedade.

O formato da coleção, pequenos volumes com três capítulos em cada, foi adotado para facilitar um fluxo de publicações que mantenha vivo esse debate no espaço público.

A idéia inicial e a organização dessa iniciativa couberam a professore(a)s e pesquisadore(a)s do Departamento de Engenharia de Produção da EPUSP. Essa coleção contará com a cooperação de pesquisador(a)s de outras unidades da USP e, também, ligado(a)s a outras instituições, no Brasil e no exterior.

Convidamos todo(a)s o(a)s interessados para desfrutar dessas leituras.

Segue uma breve apresentação do TTO.

Desde os anos 1970 o, Departamento de Engenharia de Produção da Escola Politécnica da Universidade de São Paulo, vem desenvolvendo atividades de pesquisa ligadas, por um lado, à questão da organização do trabalho e, por outro, à política e gestão tecnológica.

Em 1983, foi publicado o livro "Organização do Trabalho"[1], que passou a ser referência acadêmica no assunto, relatando estudos e pesquisas realizadas, até aquele momento, por pesquisador(a)s do Departamento e outro(a)s que se interessavam pelo assunto.

A evolução da discussão dos relacionamentos entre organização e tecnologia, tendo como um dos focos o objeto analítico "trabalho", levou à constituição do grupo TTO, em 1994.

Ao longo dos anos 1980 e meados dos anos 1990 foram realizadas diversas pesquisas, em conjunto com pesquisadores do exterior, de outras áreas da USP (notadamente sociologia e administração), Unicamp e UFSCar. Essas pesquisas giraram em torno de questões

---

[1] Fleury, A. C. e Vargas, N. Organização do Trabalho. Editora Atlas, São Paulo, 1983.

ligadas ao universo da gestão de processos de produção no âmbito da empresa (formas organizacionais, Taylorismo, Fordismo, relações humanas, abordagem sóciotécnica), estabelecendo vínculos com questões de caráter mais macro (mudanças econômicas e sociais).

Nesse mesmo período foram desenvolvidas pesquisas em diversos campos ligados à política e gestão da inovação tecnológica. Um deles, com foco na inovação na engenharia, investigou temas como automação na engenharia, gerenciamento de projetos tecnológicos e engenharia simultânea. Um outro campo, com forte cooperação internacional, tratou dos arranjos interinstitucionais nos sistemas de inovação, em particular da cooperação entre empresas, universidades e institutos de pesquisa. A capacidade de articulação demonstrada acabou levando o Departamento a sediar uma rede internacional de instituições interessadas nesse tema, no âmbito do Programa Ibero-americano de Ciência e Tecnologia para o Desenvolvimento (CyTED)

Vários trabalhos realizados pelo grupo que se uniu em torno do TTO, ou em outras instituições, estavam interligados por uma preocupação com a necessidade de modernização das condições e da organização do trabalho em sentido amplo, procurando identificar experiências que pudessem superar as limitações do referencial universal taylorista-fordista até então vigente, no espaço da empresa, e, também, de modo mais abrangente, na sociedade.

No início dos anos 90, surgiram, no panorama empresarial, as técnicas japonesas de organização da produção, ao mesmo tempo em que se abria, no Brasil, um novo período social e econômico, que envolveu o processo de redemocratização do país e sua inserção no processo chamado de globalização, tanto em termos financeiros como comerciais e produtivos.

Nesse período, o TTO passou a focar questões ligadas à estrutura organizacional das instituições, às mudanças tecnológicas, à discussão de modelos de gestão, aspectos mais macro que, de uma forma ou de outra, produziram efeitos em relação ao trabalho e à inovação.

No esteio destas mudanças, o setor de serviços também passou a ser objeto de análise, dada a importância adquirida no cenário da produção e na geração de novos empregos e de novos empreendimentos, freqüentemente localizados em incubadoras de empresas.

Os sistemas locais de inovação, tais como os arranjos produtivos locais e as redes de cooperação passaram a adquirir importância crescente e, em decorrência, foram incorporados ao escopo do TTO.

O ato de trabalhar, suas conseqüências para os sujeitos e para a produção, assim como para o projeto do trabalho na produção, foi alvo de inúmeras pesquisas, com abordagens inspiradas na ergonomia, na psicodinâmica do trabalho, ou em análise organizacional.

As mudanças no cenário da produção nos últimos 20 anos trouxeram grandes desafios com relação ao entendimento dos fenômenos que direta ou indiretamente afetam o trabalho das pessoas. A consolidação do Japão como potência industrial e econômica, a disseminação de novas técnicas de organização da produção e do trabalho baseados no "modelo japonês", assim como a introdução de conceitos oriundos da denominada "produção enxuta", desenvolvida no MIT (Massachusetts Institute of Technology), criaram novos referenciais para as empresas, que impulsionaram mudanças significativas nas suas práticas de organização e gestão.

Esses referenciais novos adotados nas empresas trouxeram importantes questões para a academia. Dentre elas, destaca-se o debate sobre a eventual ruptura que, na sua essência, esses novos modelos representariam com a até então hegemônica, tradição taylorista-fordista. Se o modelo taylorista-fordista estava fortemente baseado em estudos do trabalho, como esses novos paradigmas tratariam esta questão, este ainda seria considerado como um dos pilares da produção, e portanto, determinado a partir de novos conceitos? Seria a evolução do cenário da produção uma conseqüência esperada do modelo taylorista-fordista, onde as novas maneiras de organizar, junto com a introdução ampla de mecanismos automatizados, traria finalmente uma redução drástica da dependência da produção com relação ao trabalho humano?

Além disso, o mundo econômico e social passou por profundas transformações, que afetaram o modo como se trabalha e como se organiza o trabalho em todas as partes do globo. Sem entrar nas diferentes análises de seus impactos, é possível apontar o expressivo aumento das transações comerciais internacionais, das transações financeiras e da mobilidade e liquidez do capital, o crescimento das atividades de serviços – crescimento motivado pelo aparecimento de negócios antes inexistentes ou pela dissociação de atividades anteriormente executadas por empresas industriais, agora executadas por empresas especialistas no serviço - o surgimento de atividades e cargos de maior "conteúdo intelectual" – mas não necessariamente gerenciais dentre outros, como fenômenos que afetaram profundamente o campo do trabalho.

Outro aspecto relevante da mudança é a consolidação do empreendorismo inovador, evidenciado pelo crescimento exponencial dos hábitats de inovação. Já são seis mil empresas residentes ou graduadas das quase quatrocentas incubadoras e diversos parques tecnológicos, envolvendo quase trinta mil postos de trabalho, geralmente de elevada qualidade.

A pesquisa na área identificou estes fenômenos e outros a eles associados (o volume de terceirização, a reorganização de cadeias produtivas, a entrada em cena de países antes isolados da economia global, como a China, a Índia e o sudeste da Ásia), passando a tomá-los como objetos de pesquisa, para compreender seus impactos nas organizações e no trabalho.

Em paralelo a este fato, observa-se o desenvolvimento de pesquisas em áreas do conhecimento onde o objeto trabalho é a sua finalidade central, senão única. Destacamos as pesquisas em ergonomia, em psicodinâmica do trabalho e, na sociologia do trabalho. Apesar de serem diferentes na maneira de olhar e nas ações propostas, a questão central é a mesma. Os diferentes resultados obtidos podem ser considerados como pontos de vista diferentes sobre o mesmo objeto, fato que permite a existência de uma quantidade significativa de dados sobre as conseqüências do trabalhar e, também a elaboração de propostas transformadoras.

Entretanto, se o trabalho deixa de ser foco nas áreas de conhecimento da produção, da organização e da gestão das empresas, não haveria o risco de aprofundamento da cisão entre as disciplinas? Como conseqüência se as questões do trabalho estariam relegadas a áreas de conhecimento não diretamente envolvidas com os processos de projeto e planejamento nas empresas, haveria uma maior dificuldade para que os responsáveis por estas, incorporassem seus conceitos na sua prática? Ou, por outro lado, estaríamos em pleno processo de introdução de novas práticas em que estes processos de decisão estariam respaldados por pontos de vistas de englobariam uma crescente interdisciplinaridade?

Quais paradigmas serão cada vez mais presentes para projetos que envolvam questões organizacionais, o conteúdo do trabalho, as ferramentas de produção e de gestão e os processos de inovação tecnológica? Qual será o espaço que nossas instituições públicas e privadas vão ocupar no cenário econômico e na oferta de trabalho e no estímulo ao empreendedorismo inovador nos anos vindouros? Como se articularão os sistemas nacional e locais de inovação?

A comunidade acadêmica pode contribuir para o debate e ajudar na construção de processos melhores de desenvolvimento da inovação tecnológica, da produção, do trabalho da saúde e da competência dos trabalhos e assim como o da sociedade. Esta é a principal finalidade da coleção ora apresentada.

> Fausto Leopoldo Mascia
> Guilherme Ary Plonski
> Laerte Idal Sznelwar
> Márcia Terra da Silva
> Mario Sergio Salerno
> Mauro Zilbovicius
> Roberto Marx
> Uiara Bandineli Montedo

A mudança organizacional do trabalho e da empresa:
uma avaliação do quadro de análise

Bruno Maggi
*Professor titular de Teoria
da Organização na Faculdade
de Economia da Universidade
de Bologna e na Faculdade de
Direito da Universidade de Milão*
www.taoprograms.org

Introdução

As reflexões, pesquisas e discussões sobre o trabalho e a empresa insistem na emergência de uma mudança considerável ao longo das três últimas décadas do século XX. Precisamente, trata-se de uma *mudança organizacional* que diz respeito ao trabalho e à empresa.

Exceto por umas poucas divergências quanto às origens e causas dessa mudança, a maioria dos pesquisadores não hesita em caracterizá-la em termos de distanciamento do quadro organizacional "clássico" taylorista e fordista que havia se afirmado na primeira parte do século passado (um texto de referência é: Womack, Jones e Roos, 1990). Há, entretanto, trabalhos que colocam em dúvida esse distanciamento e mostram que as características com mais freqüência realçadas como novas já estão presentes no quadro "clássico" e que este, por sua vez, se reflete em grande medida no que se passa atualmente. Haveria, portanto, uma continuidade na mudança e não um corte: Masino (2005) discute em profundidade as teses opostas da ruptura e da continuidade.

Em todo caso, é inteiramente plausível e pertinente que a discussão incida sobre as transformações em curso: em quê e como mudam o trabalho e a empresa? Trata-se de uma verdadeira superação das teorias e práticas precedentes? Como se desenha o futuro?

Um fato singular, todavia, afeta esta discussão. Em sua versão dominante, ela coloca sempre as mesmas questões de pesquisa e utiliza as mesmas noções que tinham sido propostas na metade do século, entre as décadas de 1940 e 1960. Ou seja, bem antes da suposta clivagem. Ela insiste no "ambiente turbulento", na "nova revolução tecnológica", nas "relações interorganizacionais", nas "novas formas de organização" ou ainda na "flexibilidade".

Desejamos questionar essa singularidade. Nossa proposta não é argumentar a favor ou contra a mudança organizacional do trabalho e da empresa, seus conteúdos ou seus componentes. Não está também entre nossas intenções propor interpretações alternativas às temáticas da mudança organizacional que implicariam uma "crítica externa" à discussão vigente. Desejamos propor uma "crítica interna" a esta discussão, ou seja, uma reflexão que, aceitando-a como ela se apresenta, procura avaliar sua congruência e sua capacidade de interpretar os eventos em curso. Parece-nos útil, e provavelmente necessário, refletir sobre as *noções* mobilizadas e sobre as *questões de pesquisa* colocadas. Noutras palavras, iremos iniciar o que nos parece uma tarefa metodológica imprescindível, mas que até agora foi deixada de lado pela discussão, para compreender a mudança organizacional do trabalho e da empresa: a saber, *uma avaliação do quadro de análise*[1].

Alguns traços que caracterizam a discussão
Gostaríamos, antes de mais nada, de ressaltar alguns traços característicos da discussão em questão. Para começar, ela é dominada por uma orientação teórica e uma visão de mundo funcionalista, própria ao *mainstream* das ciências humanas e sociais, em particular ao percurso destas nas pesquisas sobre os fenômenos organizacionais. Quais são as implicações maiores desta constatação quase tautológica? Para evitar qualquer mal-entendido, cabe lembrar o que é essa visão funcionalista. Para fazê-lo, iremos nos referir a um grande autor, Robert K. Merton (1949), um dos pais fundadores da abordagem funcionalista ao longo dos desenvolvimentos do pensamento organizacional. Essa abordagem tem como

---

[1] A reflexão metodológica que iremos propor aqui não é desprovida de referência a trabalhos empíricos. O Programa de Pesquisa «L'Officina di Organizzazione» fundado em 1983 permitiu avaliar até hoje mais de cento e trinta casos de mudança organizacional de empresa. Pode-se consultar: B. Maggi (ed.), *L'Officina di Organizzazione. Un osservatorio sui cambiamenti nelle imprese*, Carocci, Roma, 1998 (trad. fr. *L'Atelier de l'Organisation. Un observatoire sur les changements dans les entreprises*, L'Harmattan, Paris, 2001); Id. (ed.), *Le competenze per il cambiamento organizzativo. Casi e dibattiti dell'Officina di Organizzazione*, Etas, Milano, 2001; B. Maggi, G. Masino (eds.), *Imprese in cambiamento. Officina di Organizzazione: 20 anni*, Bononia University Press, Bologna, 2004. A obra de G. Masino (2005) – que constitui uma exceção notável em relação à ausência de preocupação metodológica caracterizando a discussão sobre a mudança organizacional – se inscreve também no quadro deste programa de pesquisa. Outras obras do Programa serão citadas adiante. Para maiores informações, pode-se consultar o *site* na internet: www.taoprograms.org

vocação interpretar as conseqüências objetivas (as *funções*) que os elementos de cada sistema social produzem em relação às *necessidades funcionais* do sistema – necessidades de *integração* em seu interior e de *adaptação* em direção ao exterior.

Trata-se, muito evidentemente, de uma visão que pressupõe a predeterminação do sistema social e a obtenção de seu equilíbrio pela adaptação dos subsistemas e dos sujeitos agentes. A mudança não é inexistente nessa visão, mas ela é um evento contingente, regulado pela resposta adaptativa dos elementos do sistema a seus pré-requisitos funcionais.

Muitas das contribuições que se opõem à tese da superação do "modelo clássico", sustentada pelo *mainstream*, compartilham todavia sua visão funcionalista, enquanto outras adotam uma visão subjetivista, em que a realidade é concebida como uma "construção social": a mudança é, então, um fenômeno local e transitório que emerge de maneira imprevisível e inapreensível.[2]

Confrontemos essas visões com a do agir social, entendido como processos de ações e decisões que se produzem e se desenvolvem continuamente no tempo: processos sempre abertos, sempre cambiantes, sempre em relações com outros processos. Aqui, a própria idéia

---

[2] A corrente conhecida pelo nome de *Critical Management Studies* é particularmente interessante. Surgida na Europa no início da década de 1990, seu ponto de partida seria a obra coletiva dirigida por M. Alvesson e H. Wilmott (1992). G. Masino (2005) examina minuciosamente as diferentes contribuições dessa corrente crítica, com o fim de discutir sua contribuição à tese da continuidade do "modelo clássico". Essas vozes discordantes do *mainstream* não parecem em todo caso capazes de modificar, de maneira significativa, o quadro atual de análise da mudança organizacional que nos propusemos a avaliar.

de processo enfatiza o tempo como uma dimensão fundamental. A mudança é nele um aspecto essencial, intrínseco ao desenvolvimento do processo. Essa visão, característica de grandes autores, como Herbert A. Simon (1947), James D. Thompson (1967) e principalmente Max Weber (1922), está nos fundamentos de nossa *teoria do agir organizacional* (Maggi, [1984], 1990 ; 2003). Iremos assumi-la como referência essencial em nosso percurso crítico.

O primeiro ponto que gostaríamos de ressaltar é justamente o afastamento – para não dizer o esquecimento –, por parte da discussão sobre a mudança organizacional do trabalho e da empresa, das teorias que integram a *mudança*.

Uma segunda característica dessa discussão parece ser o recurso recorrente a encontros entre disciplinas. De fato, desde sempre os estudos do trabalho, da empresa e em particular os estudos da organização têm a várias áreas disciplinares: sobretudo à economia, sociologia, psicologia, ciência política e direito. Seria, portanto, estranho se as transformações organizacionais relativas ao trabalho e à empresa não tivessem interessado todas essas disciplinas. Todavia, um traço particular se manifesta nesse interesse: cada uma dessas disciplinas recorre a conceitos de outras áreas do conhecimento mantendo sempre, porém, a sua própria abordagem. Ou seja, trata-se de empréstimos de conceitos de outras áreas, por análises que permanecem estritamente mono disciplinares.

Como os empréstimos desse tipo não permitem um controle, nem pela disciplina da qual se emprestam os conceitos, nem por aquela que integrou conceitos que não domina, esse procedimento implica uma dupla fragilidade. A alternativa, quando a questão de pesquisa requer o encontro de diferentes pontos de vista disciplinares, é a construção de quadros de análise interdisciplinares. Ou, melhor ainda, pode-se recorrer à tradição teórica interdisciplinar, presente desde sempre nos desenvolvimentos do pensamento organizacional. É justamente sobre o fundamento dessa tradição que se construiu a interdisciplinaridade de nossa teoria.

O segundo ponto que gostaríamos de enfatizar então em nossa crítica à discussão sobre a mudança organizacional do trabalho e da empresa é o esquecimento da *interdisciplinaridade*. Mesmo quando se pretende enriquecer as análises disciplinares através de trocas recíprocas e convocações mútuas.

Uma terceira característica da discussão está relacionada com as escolhas de análise da mudança organizacional. A abordagem do *mainstream*, como a das contribuições que a ela se opõem, implica uma análise por níveis sistêmicos concebidos separadamente como diferentes entidades concretas: o sistema da empresa, os subsistemas das situações de trabalho, os metassistemas do mercado, do estado, das instituições supranacionais. Mas as questões de pesquisa atravessam esses "sistemas". As mudanças das situações de trabalho estão conectadas às transformações da empresa e às relações de mercado; as mudanças da estrutura da empresa remetem aos problemas das relações entre as empresas, bem como às transformações das tarefas e procedimentos.

Dificuldades de abordagem, então, aparecem. Na maioria dos casos o problema de "mudar de registro" se coloca. Ou seja, mudar os critérios de análise para passar de um sistema a outro. Caso contrário, referências improvisadas são feitas a realidades que escapam aos critérios adotados, por se mostrarem exteriores ao sistema analisado. Essas dificuldades não existem quando se está situado numa visão do agir social, e especialmente do agir organizacional entendido como processo de ações e decisões. Nesse caso, o que se vê não são sistemas concretos separados e dificilmente reconciliáveis, mas níveis de ação e de decisões diferentes, necessariamente conectados e entretecidos. A pesquisa pode facilmente se deslocar de um nível a outro, sem ter de modificar os critérios de análise.

O terceiro ponto de nossa crítica à discussão sobre a mudança organizacional do trabalho e da empresa incide, portanto, em sua tendência a inicialmente separar, e em seguida não saber juntar, *níveis de análise* que ela reificou: o que pode até levar a definições insatisfatórias das questões a discutir.

Um esquema de leitura da mudança organizacional

Do nosso ponto de vista, a mudança organizacional relativa ao trabalho e à empresa é um fenômeno que se produz continuamente, que afeta sempre vários níveis de ação e decisão, e cuja interpretação requer um quadro de análise interdisciplinar.

Para compreender e interpretar essa mudança, suas modalidades e tendências variáveis segundo os períodos, propomos, antes de mais nada, definir alguns níveis de análise. Cabe precisar que essa definição é uma escolha do pesquisador: ela se opõe ao pressuposto de sistemas concretos, concebidos como "realidades" preexistentes ou construídas. Resultando de uma escolha, ela pode ser discutida e permite simultaneamente discutir noções mobilizadas e mobilizáveis, interesses disciplinares que podem ser convocados e procedimentos de pesquisas possíveis e desejáveis. Escolhemos um esquema muito simples, limitado a três níveis de análise, indo do micro ao macro. Um primeiro nível diz respeito às mudanças das *situações de trabalho*, das tarefas e procedimentos; um segundo, à estruturação dos *processos da empresa*; por fim, um terceiro e último nível, às *relações entre as empresas* no mercado.

O nível de análise dos processos de trabalho

No nível da análise micro, ou seja, dos processos de trabalho, o indicador mais significativo das mudanças recentes e atuais é, com certeza, a superação da concepção taylorista-fordista da tarefa e dos procedimentos de trabalho. A tarefa concebida de maneira tradicional implicava a atribuição estável de operações parceladas, tendo por base a suposta separação entre a execução e a decisão relacionada tanto às escolhas de coordenação quanto aos processos de conhecimento. A tarefa transformada – se ainda se pode falar em "tarefa" – exige dos operadores que demonstrem capacidade de iniciativa, de decisão, de compartilhar os objetivos de trabalho. Enquanto a tarefa antiga apenas exigia capacidades físicas e psicomotoras de operadores singulares e separados, a tarefa transformada exige a capacidade de escolher, orientar a ação, e avaliar os resultados e as conseqüências. Além disso, envolve coletivos em vez de trabalhadores individuais. A rigidez dos procedimentos é inteiramente questionada. Os critérios de recrutamento estão relacionados a unidades de trabalho e não a postos.

Na discussão, essas transformações são vistas como uma inegável superação dos princípios estabelecidos no começo do século passado por F.W. Taylor (1903; 1911; 1912). Seria necessário, na verdade, fazer uma distinção entre o pensamento de Taylor – que se revela muito atual se estudado com atenção (Maggi e Solé, 2005) – e o "taylorismo", ou seja, a vulgata que acabou se impondo. As transformações das tarefas e procedimentos de fato renegam o taylorismo e, sobretudo, sua implantação nas situações de trabalho; constituem também superações das modalidades de coordenação dos processos de trabalho que Henry Ford dele deduzira para a indústria automobilística e que haviam se estabelecido como o "modelo de empresa fordista".

A noção-chave que a discussão mobiliza para não só caracterizar mas também interpretar essas mudanças é a de "autonomia", às vezes misturada com a de "discricionariedade". Com efeito, a aproximação dessas duas noções é incorreta, originando sérios mal-entendidos. Voltaremos a isso adiante, limitando-nos por ora a notar que se quer indicar assim as "margens de manobra" que são, ao mesmo tempo, atribuídas aos sujeitos implicados nos processos de trabalho e reivindicadas por eles, o que é inadmissível na concepção da tarefa taylorista. Não obstante, elas aparecem cada vez com maior freqüência, difundidas e ao mesmo tempo cruciais para a obtenção dos resultados de produção (Terssac, 1992).

A discussão mobiliza também a noção de "flexibilidade", em referência aos procedimentos e aos programas que admitem a "autonomia" dos operadores. Mas a noção de flexibilidade tem sido utilizada de maneira tão extensiva, tanto em relação às estratégias da empresa, às operações, aos produtos, quanto em relação aos processos e tecnologias, ao trabalho e ao emprego (Tarondeau, 1999), que ela parece mais ser uma noção de fundo caracterizando o debate sobre a mudança organizacional em geral. Assim, ela requer um exame crítico específico (Maggi, 2006).

Quais são as disciplinas implicadas pela mudança organizacional no nível de análise dos processos de trabalho? Evidentemente e sobretudo, as disciplinas da organização, no que diz respeito a seus interesses pela organização do trabalho. Em seguida, a sociologia e a psicologia do trabalho, o direito do trabalho, mas também – no que se refere às conseqüências das novas escolhas de organização para a qualidade efetiva da vida dos operadores – a ergonomia, a psicodinâmica e a medicina do trabalho.

O nível de análise da empresa

No nível de análise da empresa, de sua estruturação "interna", o principal indicador da mudança organizacional é, sem dúvida, o questionamento da configuração formal baseada nas "funções". A subdivisão em funções das atividades constitutivas da empresa (atividades de produção, de aprovisionamento dos recursos, de alocações dos produtos, de finanças, de contabilidade, de gestão dos recursos humanos...) tinha sido definida no começo do século passado por Henri Fayol (1916) e continuara a ser desenhada em diferentes configurações até a década de 1980 (Mintzberg, 1983). Mas ela foi questionada quase na mesma época e cada vez mais superada por novas escolhas de organização da empresa.

O esquema que havia se estabelecido durante várias décadas previa a decomposição do processo de ação da empresa segundo responsabilidades funcionais separadas. A mudança visou, ao contrário, a reunião das atividades precedentemente separadas, a partir de sua convergência em direção aos objetivos de concepção e de produção, e a "integração das funções" (Kern e Schumann, 1984) tentando recompor o processo primário da empresa.

A noção de "processo" emergiu, de maneira muito marcada. Em lugar dos procedimentos relativos às atividades funcionais, novas configurações de encadeamento das atividades desenhadas em relação aos objetivos a atingir procuraram prescrever percursos – chamados "processos" – que atravessam e ligam as funções implicadas. A abordagem chamada de *lean production* (Womack, Jones e Roos, 1990), utilizando as técnicas de gestão da *concurrent engineering* (no que se refere à inovação dos produtos), do *just-in-time* (no que se refere aos fluxos de materiais) e da "qualidade total", pareceu estar adaptada a esses fins. Preconizou-se também a "reengenharia dos processos" (Hammer e Champy, 1993), ou seja, um novo desenho organizacional cujo objetivo foi uma utilização mais eficiente dos recursos e, ao mesmo tempo, uma melhor eficácia na obtenção dos resultados.

Os problemas de definição dos processos assim concebidos, de suas coordenações, de suas relações com as antigas funções estão longe de estar solucionados. Mas as mudanças envolvidas afetaram profundamente a organização da produção, bem como a da concepção e da comercialização: o "modelo fordista" pareceu decididamente superado. As linhas hierárquicas são reduzidas. As atividades são redefinidas. As representações da empresa nos organogramas se revelam completamente inadaptadas.

As disciplinas mais implicadas nesse nível de análise são as da organização, quando o que lhes diz respeito é o estudo da estruturação geral da empresa, e as disciplinas da gestão ligadas à economia e às ciências da engenharia.

O nível de análise das relações entre as empresas

No nível de análise das relações entre as empresas no mercado, a mudança é sobretudo marcada pela perda de sentido da demarcação "interno/externo" que sempre caracterizara o estudo da empresa e, em especial, de sua organização. Durante todo o século passado, a literatura organizacional utilizou em geral a distinção entre o interior do sistema estudado e seu ambiente exterior como o fundamento da interpretação das relações de poder, das trocas, equilíbrios, influência das técnicas e modificações estruturais. Isso foi mais evidente nas correntes referindo-se à terminologia sistêmica, em particular às abordagens funcionalistas. Mas mesmo as teorias que a elas se opunham recorreram a essa distinção, em última instância cômoda, entre interno e externo. De maneira explícita ou implícita, as "fronteiras" mais ou menos reificadas de todo o sistema social se tornaram reconhecíveis.

O estudo da empresa tradicionalmente recebera essa representação da realidade, que no entanto fora questionada quando o afastamento do "modelo fordista" parecera reverter a tendência da grande empresa ao crescimento vertical e à diversificação dos produtos (Chandler, 1962). Inicialmente, fenômenos de descentralização produtiva e, posteriormente, de relações entre diferentes empresas que partilham segmentos do processo de concepção, fabricação e comercialização, tornaram cada vez mais incerta a identificação das "fronteiras".

A noção de "rede" (Laumann, Galaskiewicz, Marsden, 1978 ; Powell, 1990) difundiu-se rapidamente para designar, ao mesmo tempo, a articulação das relações entre várias empresas que se produz *ex novo* tendo em vista um resultado comum, e as relações que uma empresa mantém com terceiristas, aos quais atribui atividades diversas que antes geria diretamente. A rede descreve as ligações entre empresas que se mostram distintas sob o ângulo jurídico, mas estão em colaboração para o mesmo resultado produtivo. Questões fundamentais permanecem todavia sem respostas satisfatórias. Assim, como avaliar os comportamentos entremeados de cooperação e de competição no mercado? Sobretudo, como reconhecer as "fronteiras organizacionais" das empresas envolvidas que não mais coincidem com suas fronteiras jurídicas?

A economia de empresa, o direito comercial, mas também as disciplinas da gestão estão implicados nesse nível de análise, ao lado das disciplinas da organização, às quais as primeiras se dirigem como nunca tinham feito anteriormente.

As questões atravessam os níveis de análise

Como foi dito anteriormente, esse esquema em termos de níveis de análise é com certeza discutível. Todavia, apresenta algumas vantagens. A princípio, permite colocar em evidência as questões mais importantes da mudança organizacional e as noções que a discussão mobiliza. Permite, em seguida, submeter essas questões e essas noções à discussão. Por fim, mostra que as questões se repercutem de um nível a outro, bem mais do que a discussão deixa parecer. Por exemplo, a questão da autonomia, tratada no nível das tarefas de trabalho, remete às mudanças dos processos da empresa; mas é preciso discutir, em paralelo, a autonomia no nível das relações entre as empresas nas redes. A reconfiguração dos processos da empresa está vinculada às possibilidades de desenhar, de maneira diferente, as fronteiras organizacionais, mas a mesma questão das fronteiras se coloca quanto às relações entre os processos na empresa. O esquema permite distinguir e melhor definir essas diferentes problemáticas que multiplicam as necessidades de convergência interdisciplinar.

Duas outras que atravessam os níveis de análise e enriquecem o quadro da pesquisa vêm então a lume. Por um lado, a da relação entre a evolução tecnológica e a mudança organizacional e, por outro lado, a da relação entre a mudança das regras organizacionais e a mudança das regras jurídicas. Convém dedicar algumas linhas a elas.

A influência da evolução tecnológica

A evolução tecnológica inicialmente tornou possível a passagem dos controles pessoais às regulações automáticas e, então, destas aos controles centralizados dos processos. Ficou claro desde o início que o desenvolvimento das tecnologias, em especial das tecnologias da informação, tem influências notáveis sobre as possibilidades de mudança organizacional (Naville, 1963). A discussão recente mostrou um interesse crescente nessa questão, devido à rapidez da evolução tecnológica, que afeta as numerosas problemáticas da organização da empresa e do trabalho (Attewell e Rule, 1984; Roberts e Grabowski, 1996).

Pode-se notar, no entanto, que essas influências são menos discutidas no nível macro do que nos outros níveis de análise. Ademais, a pesquisa demorou-se na discussão das relações entre escolhas tecnológicas e escolhas organizacionais, em termos de sua "determinação", enquanto valeria mais considerá-las em termos de potencialidade e oportunidade (Masino, 1997; 2005). As possibilidades de controle por meio das técnicas microeletrônicas e informáticas constituem um auxílio importante às mudanças organizacionais em todos os níveis considerados.

No nível micro dos processos de trabalho, é possível pedir a cada operador ações visando um resultado e avaliáveis em relação ao próprio resultado, substituindo os controles sobre a execução da tarefa. É possível pedir, e avaliar, ações de coletivos de trabalho; ajustar as ações no percurso, inclusive segundo modalidades que se afastam dos procedimentos, ou mesmo os contrariam; valorizar as iniciativas em nível operacional; simular percursos de ação alternativos.

No nível dos processos da empresa, a gestão eletrônica dos fluxos de informação (no que se refere às transformações, mas também à sua regulação) torna obsoletos os controles funcionais das atividades separadas segundo as especializações. A especialização das atividades, a enucleação do processo primário de várias entre elas, e a atribuição de responsabilidades separadas que decorria disso, eram requisitos exigidos pela eficiência, e mesmo pela eficácia, dos controles pessoais. Tudo isso resultava, entretanto, em dificuldades e custos consideráveis de coordenação tanto hierárquica quanto funcional. As oportunidades tecnológicas permitem simplificar as hierarquias – mesmo através de soluções de terceirização – e aproximar os fluxos secundários do processo primário.

No nível macro, a possibilidade de controlar as diferentes fases dos processos globais à distância permite transformar o quadro tradicional das defesas de seu núcleo central, que estavam baseadas na criação de estoques, na ordenação das transações ou na antecipação dos constrangimentos e imprevistos em relação aos fluxos dos *inputs* e *outputs*. Claro, nem todas as divisões das diferentes fases do processo de transformação entre as empresas em rede se baseiam em controles por via eletrônica. Mas controles desse gênero tornam acessíveis soluções anteriormente excluídas, e tornam possíveis várias das mudanças organizacionais observáveis nesse nível de análise macro (Maggi e Cotnoir, 2003).

Regras organizacionais e regras jurídicas em mudança

As mudanças do trabalho e da empresa são mudanças de *regulação*. O que implica levar em conta não só as regras organizacionais, como também as regras jurídicas, em especial aquelas do direito do trabalho, cujas mudanças têm implicações importantes para os diferentes níveis de análise.

Isso aparece claramente do ponto de vista da teoria do agir organizacional, que diz respeito à regulação dos processos de ação e decisão. Já as disciplinas, que mencionamos como interessados pelas questões da mudança organizacional do trabalho e da empresa, deixam habitualmente de lado as regras jurídicas. A reflexão sobre o direito do trabalho, por sua vez, tem mostrado um interesse crescente por fenômenos de aproximação entre regulação jurídica e organizacional, cuja emergência ela constata no decorrer das mudanças do trabalho e da empresa (Supiot, 1994; Gavini, 1997). No entanto, ela não estabeleceu até o momento o diálogo que lhe seria necessário com a reflexão sobre o agir organizacional.

Em suma, os fatos que se podem observar são os seguintes. Em primeiro lugar, assiste-se a uma descentralização progressiva da negociação coletiva do setor industrial na empresa. Em segundo lugar, a empresa parece se emancipar das regras de direito comum, adotando regras internas a suas próprias situações de trabalho. Em terceiro lugar, surge uma multiplicação de formas das regras internas: acordos por derrogação ao direito do trabalho, regras produzidas sem recorrer à negociação, códigos éticos visando valores e objetivos em vez de princípios gerais e abstratos. Tem-se a impressão de estar ante à emergência de um "direito interno à empresa", com esta se tornando uma fonte real de direito (Gavini, 1997). Essas novas regras, todavia, se afastam das características próprias ao direito positivo e se aproximam das características da regulação organizacional. Pode-se temer, afinal, uma desestabilização do direito do trabalho.

Por causa de sua natureza, de sua diferença em relação aos outros ramos do direito civil, o direito do trabalho está sempre em relação com uma multiplicidade de regras não jurídicas (Supiot, 1994). Ele se funda no reconhecimento de fatos sociais, tais como as relações de trabalho, a remuneração pelo salário ou os papéis estabelecidos nas situações de trabalho. Para ajudar na compreensão da natureza específica do direito do trabalho, pode-se lembrar a tipologia da sociologia do direito de Max Weber (1922). Trata-se de um direito não só "formalmente racional" que se apóia num conjunto sistemático de conceitos criados pelo pensamento jurídico, mas também de um direito "materialmente racional", fundado em imperativos éticos e regras de oportunidade e utilidade que se afastam do formalismo da abstração lógica.

A evolução à qual se assiste mostra em todo caso uma tendência significativa à descentralização das fontes do direito do trabalho em direção à empresa. E essa evolução se produz de acordo com a "desregulação", ou seja, a tendência à redução da ação reguladora do Estado e à precedência dada às regras fixadas pelos atores econômicos. Portanto, se é verdade que a regra de direito encontra sempre outros tipos de regulação nas relações de trabalho, as mudanças em curso são marcadas pela produção de três categorias de regras não jurídicas na empresa que A. Supiot chama de regras "técnicas", "de conduta" e "de gestão". As regras técnicas são, por exemplo, aquelas promulgadas pelos organismos europeus de normalização (de qualidade, segurança, etc.). Têm um caráter concreto e um valor prático que contrastam com o caráter geral e abstrato da regra jurídica. As regras de conduta dizem respeito à normalização dos comportamentos dos empregados em relação à empresa. São produzidas pelo empregador, que não está submetido a elas, como no entanto um princípio elementar de direito requereria. As regras de gestão, por sua vez, se subtraem aos critérios do direito positivo, mesmo no julgamento de sua aplicação, que depende de avaliações internas à empresa.

Parece-nos que se pode ver não só uma contemporaneidade entre essas evoluções do direito do trabalho e as mudanças organizacionais, mas também uma influência recíproca. Sem tentar encontrar correspondências diretas, seria possível refletir sobre as relações entre as regras técnicas e as mudanças da regulação dos processos da empresa e entre as empresas. Além disso, as novas regras de gestão parecem ligadas às transformações da estruturação da empresa e das situações de trabalho, enquanto as regras de conduta dão um apoio significativo à realização dos programas flexíveis e ao controle das tarefas discricionárias.

Os impasses interpretativos

O esforço de pesquisa das disciplinas relacionadas com a tentativa de compreender melhor o sentido e a direção das mudanças em curso é considerável. No entanto, como mostra a hesitação entre leituras radicalmente otimistas e pessimistas dos fenômenos observados (que chegam até à negação da mudança), essas disciplinas não parecem suficientemente tranqüilizadas pelas interpretações de que dispõem. Simultaneamente, anuncia-se a superação completa do "modelo clássico" e a afirmação de um "novo fordismo". Falta uma interpretação adequada e compartilhada, não somente da crise de algumas das características que predominaram por quase um século, mas também da articulação das mudanças com freqüência nuançadas e contraditórias que apareceram.

É possível colocar em evidência impasses interpretativos em cada um dos níveis de análise que indicamos. Eles revelam as dificuldades da pesquisa disciplinar. Propomos, após evidenciarmos esses impasses, um ponto de vista diferente suscetível de nos fazer evoluir em direção a uma interpretação satisfatória.

O impasse no nível dos processos de trabalho

No nível de análise dos processos de trabalho, a superação da rigidez das tarefas tayloristas e dos procedimentos fordistas é evidente. É fácil então crer numa mudança completa nesse nível: esta seria resultante da flexibilidade dos programas, do trabalho coletivo e das margens de manobra outorgadas aos operadores (com freqüência apresentadas como "autonomia"). Embora seja verdade que essas escolhas organizacionais se afastam daquelas prescritas pelo "modelo clássico", elas permanecem todavia dentro da visão funcionalista. Trata-se de uma passagem dos princípios do "sistema mecânico" aos do "sistema orgânico", de mudanças com certeza acentuadas hoje, mas que a literatura funcionalista já preconizava na década de 1930 e que detalhou meticulosamente ao longo da década de 1960 (Emery e Trist, 1960 ; Burns e Stalker, 1961).

O impasse interpretativo está aí. Decorre da visão adotada que define e mobiliza de maneira incorreta a noção de "autonomia" e funda as questões de pesquisa no pressuposto da convergência da adaptação dos sujeitos ao sistema e de sua "satisfação" (Zaleznik, Cristensen e Roethlisberger,1958).

É preciso mudar o ponto de vista para apreender efetivamente o sentido das mudanças implementadas, bem como o impasse que sua interpretação corrente constitui. Percebe-se, então, que a flexibilidade dos programas é com freqüência muito mais uma articulação tornada possível pelo suporte tecnológico; ou que ela assume a forma de uma delegação de responsabilidade a níveis de decisão de ordem inferior, aos quais se pede que enfrentem situações não programáveis. O trabalho coletivo implica soluções de coordenação mais pesadas para os sujeitos envolvidos, e mais difíceis de gerir. A tarefa discricionária impõe ao operador que ele decida e aja em condições de incerteza, ou em todo caso de falta de pré-ordenação, que só a visão funcionalista pressupõe sempre positivas. Em todos esses casos, assiste-se a uma transferência das cargas de coordenação para os sujeitos agentes, que é apresentada como um incremento de sua "autonomia".

O ponto de vista do agir organizacional, que incide sobre a regulação dos processos de ação e decisão, permite compreender que as regras explícitas e pré-ordenadas requerem sempre uma integração de novas regras no decorrer do desenvolvimento do processo. Regras implícitas produzidas tanto nos níveis de decisão quanto nos níveis de desenvolvimento das ações de trabalho, interpretações e adaptações das regras explícitas, regras novas, temporárias, transitórias, locais, emergentes durante a própria ação de trabalho, integram sempre e necessariamente a regulação global do processo (Maggi, 2003).

Essas regras não explícitas, e por isso habitualmente não consideradas, são próprias dos sujeitos do processo. Significam, portanto, uma autonomia efetiva, que existe sempre, e que assegura a eficácia – e com freqüência também a segurança – dos processos de trabalho. Para melhor compreender a regulação dos processos de ação e decisão, propusemos distinguir entre a *autonomia* e a *discricionariedade*, segundo o sentido correto destes termos. A autonomia significa a produção de suas próprias regras; a discricionariedade indica espaços de ação num processo regrado, onde o sujeito agente é obrigado a decidir e escolher (Maggi, 1993; 2003). As mudanças em curso nos processos de trabalho estão relacionados sobretudo à discricionariedade, outorgada e imposta aos sujeitos agentes. A mudança existe, da rigidez à flexibilidade, mas o quadro da predeterminação do sistema e da adaptação total dos sujeitos permanece igual. Saindo do impasse, é possível avaliar essa mudança e estudar suas conseqüências.

O impasse no nível dos processos da empresa

No nível de análise da estruturação da empresa, as mudanças giram em torno da superação da articulação formal por funções. Essas mudanças são inegáveis, embora as dificuldades de realização de uma superação completa das funções se somam aqui às dificuldades de interpretação. Com efeito, como se pode pretender encontrar uma saída satisfatória para o duplo aspecto da implantação e das questões de pesquisa sem um distanciamento em relação à visão que preside à idéia de função?

A noção mobilizada é a de "processo". Procura-se superar as funções através de novos desenhos organizacionais centrados nos "processos". Mas o que se entende por essa noção? Não se trata dos processos de ação e decisão, tais como são definidos do ponto de vista do agir organizacional. Trata-se tampouco dos processos concretos de transformação: de materiais, de sujeitos humanos ou de símbolos. O que é objeto das intervenções de mudança são prescrições formais de encadeamentos de atividades que são chamados de "processos" em virtude de serem identificados a partir de objetivos decretados – sejam de produção, de concepção ou de outra natureza – que unem atividades de diferentes funções anteriormente separadas (Hammer e Champy, 1993). Esses "processos" não passam de novos procedimentos: testemunho disso é o fato de que os dois termos são com freqüência usados de maneira equivalente na prática das empresas.

Essas ordenações de atividades de diferentes funções implicam evidentemente implementações mais complicadas do que as anteriormente requeridas pelos procedimentos funcionais. Mas elas se mostram possíveis, e as atividades prescritas realizáveis, pelo auxílio fundamental das tecnologias da informação. Com efeito, segmentos funcionais persistem apesar dos esforços de "reengenharia"; novos papéis hierárquicos são definidos (*process owner*, "tutor do projeto"); as competências continuam sendo atribuídas de maneira funcional no pretenso processo; sobretudo, este é reificado, separado dos sujeitos agentes e estes são vistos como os destinatários, totalmente adaptáveis, das prescrições. Tudo isso revela fragilidades significativas nas escolhas de coordenação, ou seja, na estruturação efetiva da empresa. As avaliações das intervenções de reengenharia mostram que menos de um quarto delas produziram resultados significativos, embora as empresas tenham dedicado a elas recursos consideráveis.

A origem do impasse reside aqui também na visão adotada. Para sair do impasse, é preciso mais uma vez mudar de ponto de vista. É possível então se dar conta de que a noção-chave, a noção de "processo", é definida de maneira inteiramente inadequada, ou mesmo incongruente. Que sentido há em chamar de "processo" o "dever-ser" formalizado de um conjunto de atividades que se quer realizar? Qual diferença há entre os procedimentos fordistas e os novos procedimentos? Ambos não levam em conta a regulação global de um processo de ação, do conjunto das regras de natureza diferente e origem diferente, a que nos referimos no parágrafo anterior. A idéia de processo é própria da tradição do pensamento organizacional que está nos fundamentos da teoria do agir organizacional: mas aqui a definição da noção incide sobre os *processos de ação e decisão*, o sujeito agente e o processo não são separáveis e a regulação do processo está no centro da reflexão (Maggi, 2003).

O impasse no nível dos processos envolvendo várias empresas

No nível de análise das relações entre as empresas, o impasse interpretativo é patente. Observa-se a formação de redes, mas não se sabe explicar sua organização. A visão funcionalista propôs a idéia de organização como entidade concreta. Idéia igualmente adotada pelas abordagens subjetivistas. As empresas são "organizações formais", sistemas delimitados em relação a seu meta sistema. As relações entre as empresas escapam assim à interpretação organizacional. São definidas como relações "interorganizacionais" e formula-se a hipótese de uma erosão das "fronteiras", de "liames fracos", de "desestruturação" da empresa, ou mesmo de uma transferência do governo "da organização para o mercado" (Williamson, 1981 ; Harrison, 1998).

Com efeito, nada indica que as relações de mercado não sejam organizadas, nem que as relações entre as empresas sejam menos sólidas que as relações hierárquicas, nem que uma empresa, estando ou não em rede, possa não ter uma estrutura. A noção de "fronteira organizacional" decorre da visão do sistema reificado e exprime totalmente em si mesma o impasse da interpretação. Ela levanta uma questão que só pode ficar sem resposta.

A questão é diferente se, do ponto de vista do agir organizacional, se desloca a análise dos processos da empresa às relações entre esses processos e outros processos, outras empresas. Desse ponto de vista, nenhum processo pode ser limitado por "fronteiras", a não ser num sentido metafórico. Todo processo vive de trocas com outros processos, sempre abertos, sempre inacabados. E isso tanto para os processos de ação de uma empresa quanto para os processos de ação de um sujeito singular. A análise pode ser conduzida em qualquer nível de ação e decisão: em todo caso, ela incide sobre um processo que se articula em múltiplos processos de nível inferior e que faz parte de um processo mais amplo, interconectado com outros processos.

Adotando-se esse ponto de vista, é possível perceber que a noção mobilizada pela discussão sobre a mudança organizacional é prisioneira da visão que a produziu e que a questão levantada é uma falsa questão. O que é preciso estudar e compreender ante às mudanças que se produzem nas relações entre as empresas é a regulação dessas relações. Ou seja, as maneiras em que os processos de várias empresas se coordenam para um resultado comum; como o controle é – e pode ser – exercido nesse nível e quais são suas modalidades; como se distribuem nesse nível a autonomia e a discricionariedade (Masino e Maggi, 2000 ; Cotnoir e Maggi, 2002 ; Maggi e Cotnoir, 2003).

Hipóteses de pesquisa

Em suma, os problemas colocados pelas mudanças organizacionais do trabalho e da empresa conduzem a impasses, porque a via praticada para interpretá-los não se distancia da visão de fundo do "modelo" que se quer superar: a visão da organização concebida como um sistema reificado, predeterminado em relação aos sujeitos agentes. As noções mobilizadas, tais como são definidas nessa visão, se mostram insuficientes em relação às necessidades de interpretação, enquanto as questões colocadas não parecem pertinentes para servir para a pesquisa.

Propomos, para sair desses impasses, que se oriente o quadro de análise da mudança organizacional segundo o ponto de vista da *regulação dos processos de ação e decisão*. A teoria do agir organizacional propõe que se *reflita sobre as regras*, sobre a maneira em que elas mudam e sobre como elas podem ulteriormente mudar no trabalho e na empresa. Em vez de celebrar a flexibilidade das tarefas e procedimentos, trata-se então de pesquisar a construção da regulação de cada processo de ação. Em vez de se ater obstinadamente a procedimentos que unem as funções, trata-se de trabalhar sobre a regulação global dos processos da empresa. Em vez de se interrogar sobre fronteiras inexistentes é preciso estudar a regulação das relações entre os processos de diferentes empresas.

Estudar as regras, como vimos, significa atentar para todos os tipos de regras que dizem respeito aos processos de trabalho e da empresa: de todas as origens e de todas as modalidades. Ao lado das regras organizacionais não se deve, portanto, esquecer as regras jurídicas, nem as regras locais e transitórias colocadas no próprio decorrer da ação pelos sujeitos agentes. O quadro de análise é assim reorientado: tanto as noções mobilizadas quanto as questões colocadas mudam e novas hipóteses podem ser avançadas.

A discussão sobre os níveis de análise e sobre os impasses interpretativos que as afetam permitem propor, em primeiro lugar, as seguintes hipóteses de pesquisa[3]:

> No nível das situações de trabalho, a autonomia dos operadores é constantemente traduzida em discricionariedade, outorgada e imposta. A hipótese é que o controle dos processos por parte das direções de empresa aumenta, contrariamente à idéia corrente de enfraquecimento das relações hierárquicas.

---

[3] Cabe lembrar que o que propomos aqui, a título de hipóteses, como é correto fazer num percurso de pesquisa necessariamente aberto e jamais terminado, faz também referência aos trabalhos de mais de vinte anos do Programa de pesquisa citado na nota 1.

No nível da estruturação da empresa, os processos primários (de concepção-fabricação-comercialização) reintegram as atividades de suporte anteriormente enucleadas. A hipótese é que a centralização do controle aumenta, inversamente à idéia corrente da descentralização do governo da empresa.

No nível das relações entre empresas, a hipótese é que o controle se estende para além das fronteiras jurídicas (sobretudo sobre os processos dos terceiristas e dos clientes), contra a idéia corrente da fragilidade dos liames nas redes.

Essas hipóteses se baseiam nas tendências que a reflexão sobre as mudanças das regras organizacionais permite colocar em evidência. A reflexão sobre as mudanças das regras jurídicas, em especial do direito do trabalho, por sua vez traz a lume a tendência da empresa a assumir autonomia contra a regulação do Estado e a negociação coletiva.

Propomos então, em segundo lugar, uma hipótese geral, de relações mútuas entre essas tendências.

A afirmação da autonomia da empresa pela produção de regras internas quase jurídicas e pelo aumento do controle dos processos e dos sujeitos no trabalho, tornada possível essencialmente pelas tecnologias da informação, vai na mesma direção. Os atores econômicos procuram aumentar sua capacidade de controle através da erosão dos espaços da regulação estatal e da manipulação da discricionariedade em todos os níveis de decisão de seus processos de ação. No decorrer da mudança, é razoável temer conseqüências negativas tanto para a eficácia dos processos de trabalho quanto para os direitos e o bem-estar dos sujeitos no trabalho.

Encerraremos aqui, com essas hipóteses. Nossa intenção era propor uma reflexão eminentemente metodológica. Ela incidiu, portanto, na avaliação das noções e das questões de pesquisa da discussão vigente. Nossa *crítica interna* mostrou assim as insuficiências e as fraquezas das interpretações propostas por essa discussão, salientando a razão maior desses impasses. Esta reside na visão funcionalista que está na base dessa discussão. Essa visão produz as tendências da mudança em curso e, ao mesmo tempo, impede que elas sejam interpretadas de maneira satisfatória. Pode então ser proveitoso mudar de ponto de vista tanto para avaliar quanto para modificar o quadro de análise.

Bibliografia

ALVESSON, M., WILMOTT, H. (eds.) *Critical Management Studies*, London: Sage, 1992.

ATTEWEL, P., RULE, J. Computing and organizations: what we know and what we don't know, *Communications of the ACM*, XXVII, 12, p. 1184-1192, 1984.

BURNS, T., STALKER, G.M. *The Management of Innovation*, London: Tavistock, 1961.

COTNOIR, PH., MAGGI, B. I confini organizzativi nell'industria aeronautica, *Atti del 3° Workshop di Organizzazione Aziendale "L'interpretazione della realtà organizzativa"*, Università di Genova, 7-8 Febbraio, CDRom, 2002.

CHANDLER, A. *Strategy and Structure: Chapters in the History of the American Industrial Enterprise*, Cambridge, Mass.: The MIT Press, 1962.

EMERY, F.E., TRIST, E.L. Socio-technical Systems. In C. W. Churchman, M. Verhulst (eds.). *Management Science. Models and Techniques*. Oxford: Pergamon Press, vol. II, p. 83-97, 1960.

FAYOL, H. *Administration industrielle et générale*, Paris: Dunod, 1916.

GAVINI, C. Vers un droit interne d'entreprise ? *Sociologie du travail*, 123, 2, p. 149-169, 1997.

HAMMER, M., CHAMPY, J. *Reengineering the Corporation*, New York: Harper Business, 1993.

HARRISON, B. *Lean and Mean. The Changing Landscape of Corporate Power in the Age of Flexibility*, New York: Basic Books, 1998.

KERN, H., SCHUMANN, M. *Das Ende der Arbeitsteilung? Rationalisierung in industriellen Produktion*. München: Verlag Bech'sche, 1984.

LAUMANN, E.O., GALASKIEWICZ, J., MARSDEN, P.V. Community Structure as Interorganizational Linkages, *Annual Review of Sociology*, 4, p. 455-484, 1978.

MAGGI, B. *Razionalità e benessere. Studio interdisciplinare dell'organizzazione*. Milano: Etas Libri (1ᵉ ed. 1984), 1990.

MAGGI, B. Tradizione e innovazione nello studio interdisciplinare del lavoro. Introdução a G. de Terssac, *Come cambia il lavoro* (ed. it. de *Autonomie dans le travail*), Milano: Etas Libri. (p. 1-28) (nova versão in Id., *De l'agir organisationnel*, Partie II, chap. 1), 1993.

MAGGI, B. *De l'agir organisationnel. Un point de vue sur le travail, le bien-être, l'apprentissage*, Toulouse: Octarès Éditions (ed. em língua portuguesa, *Do agir organizacional. Um ponto de vista sobre o trabalho, o bem-estar e a aprendizagem*, São Paulo: Ed. Edgard Blücher, 2006), 2003.

MAGGI, B. Critique de la notion de flexibilité, *Revue Française de Gestion*, 162, p.35-49, 2006.

MAGGI, B., COTNOIR, PH. Coordination et contrôle du travail de conception aux frontières organisationnelles: le cas de l'industrie aéronautique, *Actes des 9° Journées de Sociologie du Travail*, Atelier 1 : Evolutions des situations de travail, Paris, p. 469-476, 2003.

MAGGI, B., SOLÉ, A. Organizzare a misura d'uomo secondo Taylor: una sorprendente attualità, *Atti del 6° Workshop di Organizzazione Aziendale "Organizzare a misura d'uomo"*, Milano, 3-4 febbraio, CDRom, 2005.

MASINO, G. *Nuove regole di progettazione: opportunità tecnologiche e scelte organizzative*, Roma: Nuova Italia Scientifica, 1997.

MASINO, G. *Le imprese oltre il fordismo. Retorica, illusioni e realtà*, Roma: Carocci, 2005.

MASINO, G., MAGGI, B. Verso una ridefinizione del concetto di confine organizzativo, *Atti del Convegno AIDEA, Genova 2000*, Milano: McGraw-Hill, p. 298-313, 2001.

MERTON, R.K. *Social Theory and Social Structure*, Glencoe Ill.: The Free Press, 1949.

MINTZBERG, H. *Structure in Fives. Designing Effective Organizations*, Englewood Cliffs N.J.: Prentice-Hall, 1983.

NAVILLE, P. *Vers l'automatisme social?* Paris : Gallimard, 1963.

POWELL, W., Neither Markets nor Hierarchy: Network Forms of Organization, *Research in Organizational Behavior*, 12, p. 295-336, 1990.

ROBERTS, K.H., GRABOWSKI, M. Organizations, technology and structuring, in S.R. Clegg, C. Hardy, W.R. Nord, *Handbook of Organization Studies*, London: Sage, 1996.

SIMON, H.A. *Administrative Behavior.* New York: McMillan (4ᵉ ed.1997), 1947.

SUPIOT, A. *Critique du droit du travail*, Paris: Presses Universitaires de France, 1994.

TARONDEAU, J.-C. *La flexibilité dans les entreprises*, Paris : PUF, 1999.

TAYLOR, F.W., 1903, *Shop Management*; 1911, *The Principles of Scientific Management*; 1912, *Hearings Before Special Committee of the House of Representatives to Investigate the Taylor and Other Systems of Shop Management Under Authority of House Resolution 90.* Washington, vol. III, p.1377-1508; in Id., *Scientific Management*, London: Harper & Brothers, 1947.

TERSSAC, G. DE. *Autonomie dans le travail*. Paris: PUF, 1992.

THOMPSON, J.D. *Organizations in Action*. New York: McGraw-Hill, 1967.

WEBER, M. *Wirtschaft und Gesellschaft,* Tübingen: Mohr (ed. de J. Winckelmann, 1956), 1922.

WILLIAMSON, O.E. The Economics of Organization: the Transaction Cost Approach, *American Journal of Sociology*, 87, 3, p. 548-577, 1981.

WOMACK, J., JONES, P., ROSS, D. *The Machine that Changed the World*, New York: Rawson, 1990.

ZALEZNIK, A., CRISTENSEN, C.R., ROETHLISBERGER, F.J. *The Motivation, Productivity, and Satisfaction of Workers*, Boston Mass.: Harvard University Press, 1958.

Reflexões sobre o futuro do trabalho

Tom Dwyer[1]

---

[1] Tom Dwyer é professor no programa de Doutorado em Ciências Sociais da Unicamp. É Presidente da Sociedade Brasileira de Sociologia (2005-2007).

No final da década de 70 vários pesquisadores previam que dali a 20 anos (ou seja na virada do milênio) o Brasil seria a terceira economia do mundo! Esta previsão foi feita na mesma época em que a Escola Politécnica começou suas pesquisas sobre a organização do trabalho.

Mal sabia que nas décadas seguintes o país entraria num período de estagnação econômica, e outros paises sobretudo na Ásia iriam ultrapassar o Brasil e que o país cairia para 11ª e agora 14ª. economia do mundo (embora, que ao longo do período de estagnação e declínio relativo houve melhoras importantes em muitos indicadores sociais, inclusive ligados à qualidade de vida no trabalho, tais como acidentes do trabalho, trabalho infantil, nível educacional da população trabalhadora).

A tradição da Engenharia de Produção da Poli se preocupou com a modernização das condições e da organização do trabalho no Brasil - não apenas como fatores para aumentar a produtividade, mas também como fatores da redemocratização do país e da melhoria da qualidade de vida do trabalho.

Foi neste ambiente fértil que tive meus primeiros contatos com a Engenharia de Produção da Poli e seu grupo de pesquisadores e pude perceber sua evolução ao longo destes anos.

A evolução não foi apenas na escolha de temas internos ao grupo – na sua tentativa de superar o paradigma taylorista (ex. através da incorporação da ergonomia e da psicodinâmica), ela foi também uma evolução causada por fatores externos, pois a partir de 1990 o Brasil saiu de um regime de 'economia protegida' de 'substituição de importações' para entrar num mundo de produção, numa economia globalizada, ou nas palavras de um velho trabalhador no setor de mineração que, ao ser entrevistado por mim, resumiu as novas condições de concorrência numa economia globalizada como sendo "esta coisa que está aí".

E neste contexto é que se começa a analisar o setor de serviços na década de 90 e uma das catástrofes que foram produzidas - LER / DORT, e também outros temas *tais* como a psicodinâmica. Por toda parte se vê a questão da "reestruturação produtiva", do "desemprego" e da "empregabilidade", sendo temas de congressos e mesas em sociologia. Para muitos uma verdadeira catástrofe se anunciava na medida em que os trabalhadores e empresas foram "jogados" num mundo novo – globalizado – pelo qual eles não tinham nem o capital humano nem o capital econômico necessários. Na medida em que o país passou pela hiperinflação e instabilidade política da era

Collor, os potenciais investidores foram afetados e na medida em que estes e outros problemas reconhecidos ficaram sem solução; a violência urbana, impostos em cascata, corrupção e falhas na infra-estrutura, para citar alguns exemplos, a capacidade de empresas brasileiras concorrerem ficou reduzida. Nesta mesma época, houve avanços importantes em processos de informatização de trabalho e de organização que buscavam, através do investimento na técnica, transformar locais de trabalho e colocar o país num outro patamar produtivo.

Peço sua permissão para voltar um pouco para trás, em 1989 publiquei um ensaio interpretativo sobre mudanças técnicas, onde concluí, a respeito da necessidade de lançar mão de um processo investigativo capaz de garantir não a melhoria do trabalho, mas a sobrevivência da nação num novo e duro contexto.

Escrevi, e tomo a liberdade de citar e adaptar um pouco meu texto original: *'Tudo o que vimos neste texto deveria nos levar a concluir que não há fórmula mágica capaz de funcionar sozinha. Um importante passo nessa direção, porém, é remover as barreiras ao desenvolvimento que protegem a velha ordem –sejam elas tarifas, a inexistência de capital de risco, a hiperespecialização educacional, institucional ou de qualquer outro plano em que possa ocorrer. Por trás dessa fórmula simples, há uma enormidade de conflitos potenciais dos quais nos aproximamos apenas na relação a algumas das partes mais visíveis. No entanto, o clássico trabalho de Max Weber, A Ética Protestante e o Espírito do Capitalismo, leva-nos a perguntar se, mais além da construção de uma base e da remoção de barreiras, não existe uma importante precondição cultural para o desenvolvimento.*

Caso a formação de uma cultura, compatível com formas culturais da sociedade pós-industrial seja uma precondição, então vários países industriais avançados parecem estar, a julgar pelos estudos de Riesman, Touraine e Bell, em uma posição ambígua. Por um lado, alguns cidadãos são portadores de novos valores, discutidos pelos autores. Por outro lado, muitos atores organizados defendem os valores da era industrial. O desenvolvimento será um produto da difícil resolução desse conflito em favor dos primeiros. Para muitos atores, as mudanças que ocorrem hoje são tão profundas quanto incontroláveis, mas há um consenso crescente de que a sua essência deve ser compreendida por referência à arena cultural. Uma nova questão que se coloca é se essas {mudanças que foram discutidas}... deixam os países em desenvolvimento encerrados em um novo ciclo de subdesenvolvimento, em virtude do fato de os padrões de consumo, produção e investimento serem, em sua maioria, dominados por valores pré-industriais e industriais. Celso Furtado é um dos autores que desenvolveram reflexões a respeito das bases culturais do desenvolvimento econômico. Ele relaciona o subdesenvolvimento industrial brasileiro à prevalência de tradições culturais arcaicas das classes dominantes. Robert Cole analisou a rápida industrialização do Japão fazendo importantes referências à questão cultural. O Japão era um país desprovido de uma ética protestante, um pré-requisito hipotético para o desenvolvimento do capitalismo. Em um primeiro momento, a industrialização foi encarada como questão de sobrevivência nacional, isto é, tanto como meio de descartar uma ameaça militar do Ocidente como manter a cultura e a identidade nacional. Foi colocada em prática uma política voluntarista do Estado: foram erguidas barreiras externas e rompidas barreiras internas, de modo a se construir uma base para o desenvolvimento. Em etapas posteriores, os símbolos da cultura nacional foram usados de forma criativa, segundo Cole, "tanto a nível consciente como inconsciente (....) para garantir a legitimação de novas práticas e a motivação de novos tipos de desemprego (..) requeridos pela indústria".

No Brasil... podemos ver esforços consideráveis de ação e reflexão sobre a entrada do Brasil na sociedade pós-industrial.

Procurando evitar que o Brasil fique atrás como baleia industrial num mar pós-industrial, a política do Estado e o debate público concentram-se hoje no controle e na discussão da complexa relação entre barreiras internas e as externas ao crescimento pós-industrial. A Lei de Reserva de mercado da Informática, a política nacional de telecomunicações, a aquiescência oficial com a "pirataria" de software e hardware e, mais recentemente, tentativas de estabelecer "pólos tecnológicos" são iniciativas que se inserem nessa controvérsia política. No entanto, essa discussão carece de um aprofundamento na área cultural. Tal discussão deveria buscar localizar os elementos culturais, peculiares ao Brasil, que poderiam ser habilmente combinados para funcionar como base de apoio para o desenvolvimento pós-industrial. O rápido exame realizado aqui da cultura dos inovadores sugere, em termos mais simples, o que os cientistas sociais chamam de "jeitinho brasileiro", o desrespeito pela burocracia, a criatividade natural produzida na batalha pela sobrevivência das classes populares e a ampla aceitação da mudança como parte normal da vida são elementos culturais compatíveis com uma "cultura da inovação", que é uma das bases do desenvolvimento pós-industrial.

Uma via de ação que se coloca para o Brasil é garantir que a passagem para uma economia pós-industrial não seja privilégio de algumas poucas ilhas chamadas "pólos tecnológicos" nem produza o flagelo de um novo ciclo de dependência econômica nacional. Como assegurar isso é, a julgar pelas dificuldades vividas pelos países desenvolvidos, um salto no escuro. A produção de um eixo da reflexão sobre os suportes culturais para o desenvolvimento de uma economia pós-industrial poderá iluminar essa árdua passagem. (Dwyer, 1989, 42-5)

A partir desta constatação, comecei a diversificar meu próprio trabalho como pesquisador – também vi o desenvolvimento de uma área de pesquisa sobre a informatização de organizações complexas. A bibliografia nesta área é muito instigante, porque demonstra que existem muitos casos onde os resultados de mudanças acabam sendo contrários aos resultados desejados pelos agentes das transformações. É o caso do famoso 'paradoxo da produtividade' ou o 'paradoxo de Solow'. Acabamos organizando um livro 'Informática, Organizações e Sociedade no Brasil' que reúne vários estudos sobre o tema. (Rubem, Wainer, Dwyer, 2003)

A bibliografia examinada demonstrava claramente a importância de se prestar atenção às dinâmicas subjetivas dos processos de mudança e eu tinha a percepção de que quanto mais importante é a referência à dimensão subjetiva requerida pelo sistema socio-técnico, mais importante é o recurso a técnicas participativas como ferramenta de gestão. Publiquei um artigo sobre a questão da participação, observei que nas diversas subdisciplinas que estudam o homem no trabalho sempre existe um pólo de reflexão sobre processos participativos, e que este tipo de reflexão pode servir como base à construção de um diálogo interdisciplinar. (Dwyer, 2001)

Também havia muitos elementos nas bibliografias que demonstravam que as mudanças em curso eram complexas e para compreendê-las é necessário travar importantes diálogos entre os atores envolvidos. Alain Wisner, recém-falecido, é um dos autores que insistiram muito sobre este ponto, e gostaria de destacar a importância de seu trabalho para o desenvolvimento de um diálogo interdisciplinar que incorpora referência às dimensões subjetivas da ação social.

No artigo "Um Salto no Escuro" desenvolvi uma pista que influenciaria a direção das minhas pesquisas futuras. Me pareceu importante buscar identificar o surgimento de novos atores sociais, com valores e interesses que pudessem projetar o Brasil numa nova era. Assim em 1995, pesquisei jovens e seu relacionamento com computadores, a idéia que tinha era que os jovens usuários de computador ocupariam um lugar privilegiado na produção do novo, o uso do computador abriria um espaço onde novos atores poderiam desenhar os traços do futuro. (Dwyer, 1997) Repliquei a pesquisa em 1999, e havia uma novidade técnica e social nesta pesquisa em relação à anterior, a internet tinha passado a ser disponível ao público. Nestas duas pesquisas, descobri tanto atores sociais que usavam o computador para desenvolver e até implementar novas idéias sobre o trabalho, a cultura e a sociedade, e também observei outros que usavam o computador simplesmente para reproduzir práticas já consagradas. No primeiro grupo, havia uma clara distinção entre atores movidos por valores utilitaristas e outros movidos pelo desejo de usar o computador como meio de expressão.

Também nestes estudos percebi os problemas vividos nas escolas onde, através de seus professores, técnicos e diretores, era necessário lidar com esta nova ferramenta. Em alguns casos observei recusas e resistências que minavam as possibilidades de desenvolvimento de usos educacionais do computador. Também observei casos de desorientação diante das possibilidades oferecidas pela tecnologia e dos usos feitos pelos jovens.

Um dos resultados destas pesquisas foi um convite, feito em 2000, para integrar uma equipe que escreveria um telecurso sobre o uso de recursos de informática em sala de aula, o curso seria dirigido à formação de professores da rede pública do Estado de São Paulo. O projeto foi coordenado pela Fundação Vanzolini, que é ligada à Engenharia de Produção da Poli. Ou seja, a área de engenharia de produção estava se envolvendo não apenas em projetos relacionados à engenharia, mas também sobre a emergência de uma sociedade de informação. Após longas discussões com os colegas cheguei à conclusão de que era necessário desenvolver uma nova conceitualização do trabalho do professor, e repensar as funções da escola. Descobri um conceito do ensino que me parecia bastante interessante, elaborado pela comissão da UNESCO liderada por Jacques Delors sobre educação para o século XXI. Para esta comissão a educação tem quatro pilares, através do quais o aluno aprende a fazer, ser, conhecer e viver juntos. (Delors, 1997)

Este projeto contribui a uma mudança importante na minha visão do futuro do trabalho, tanto nos países em desenvolvimento quanto nos países desenvolvidos.

O mundo contemporâneo está sendo sacudido por processos que trazem grandes turbulências. O debate sobre a natureza das mudanças em curso parece dividido entre dois pólos, de um lado aqueles que, a modo de Alvin Toffler, abraçam uma nova ordem informacional e globalizada, do outro lado, e esta tem sido a visão predominante nas Ciências Sociais brasileiras, aqueles que pensam que todos os processos de mudança fazem parte de uma onda "neoliberal". Nesta segunda perspectiva se denuncia a precarização do trabalho, desemprego, declínio dos sindicatos e outros males como sendo produtos de um perverso processo de mudanças. Este segundo pólo de reflexão não permite construir um quadro analítico muito útil para guiar a formação profissional no novo contexto.

Um livro que achei bastante útil para guiar reflexão foi escrito por Reich, um economista de Harvard e ator político por ter sido ministro do trabalho no primeiro governo de Bill Clinton. Reich, (1992) sugere que três tipos de emprego pago emergem nas economias desenvolvidas: serviços rotineiros, serviços pessoais e serviços de analistas simbólicos. Os empregos nos serviços rotineiros, tais como existem no setor industrial, estão sendo transferidos dos países ricos aos países onde se pagam salários reduzidos - na América Latina, na Europa Oriental e na Ásia. O número destes trabalhadores, o valor de seu trabalho e seus salários estão caindo rapidamente nos países desenvolvidos. Empregos na área de serviços pessoais não são transferíveis devido ao fato de que envolvem uma relação face à face, existem em hospitais, restaurantes, hotéis, educação e outros setores. Porém, estes empregos são sujeitos a alguma pressão internacional para ficarem competitivos. Na medida em que o conteúdo destes empregos é simples, é possível manter os salários em patamares reduzidos. Os trabalhos de análise simbólica existem numa variedade de setores e exigem capacidades de abstração, formação de conceitos e capacidades de negociação. Antes de tudo, requerem pensamento original. Este tipo de trabalho está sujeito a níveis salariais crescentes no mundo inteiro.

Estes três tipos cobrem por volta de três quartos dos empregos nos Estados Unidos, não são incluídos fazendeiros, mineiros e outros que trabalham nos setores extrativos. Na Ásia e na América Latina são muito menos. Mas é preciso destacar que os países menos ricos passarão a ser centros industriais e até centros que oferecem serviços pessoais, tal como turismo (existem previsões que até o ano 2020 a China será o país mais visitado por turistas no mundo). O que acho interessante na conceitualização de Reich é a ênfase atribuída aos serviços de analistas simbólicos, e o futuro dos mesmos depende de um elevado nível de educação genérica.

O desafio relevante para o Brasil e outros países de nível médio de desenvolvimento se relaciona à estruturação do sistema educacional, de modo a tirar a máxima vantagem da crescente demanda para analistas simbólicos, e tentar evitar a predominância no futuro de salários reduzidos.

Serviços rotineiros vão continuar crescendo no Brasil, sobretudo na área da indústria, mas na medida em que a China continua a se desenvolver e a modernizar sua infraestrutura o Brasil deve enfrentar uma concorrência muito importante. A China tem hoje em torno de 750 milhões de pessoas que sobrevivem no campo, e a política oficial é promover um processo de rápida urbanização e industrialização. Devido à força e à estrutura da economia chinesa é preciso identificar quais as vantagens comparativas do Brasil. O setor industrial cresceu 17% na China e 6% no Brasil no ano de 2004. (CIA, 2005)

Empregos na área de serviços pessoais estão entre aqueles que mais cresceram nos últimos anos no país. Parte deste mercado é tradicional e outra parte é de origem mais recente. Serviços domésticos empregam aproximadamente 12% da população trabalhadora feminina. Em anos recentes, os custos de segurança particular se elevaram até 10% do PIB, devido ao aumento da criminalidade e da violência. Apesar dos crescentes níveis de violência, o turismo vem crescendo no país, exigindo novas capacidades inclusive lingüísticas. (O Brasil está projetando receber 120 mil turistas chineses até o ano 2007, (Reis, 2005) é preciso se perguntar como é que as coisas vão ficar, existem apenas dois cursos universitários de mandarim no país e, na conjuntura, a China parece muito melhor preparada para receber turistas brasileiros, porque naquele país há uma meia dúzia de cursos universitários de português.)

Existem muitos outros empregos nesta área, o maior grupo profissional no pais são os professores, temos muitos médicos e enfermeiras também. Existe uma estimativa de que em torno de 2,4 milhões de pessoas trabalham na área de segurança particular no país. (Ferraz, s.d.) A Engenharia de Produção não tem estas e outras profissões do setor de serviços pessoais como seu foco principal, mas para enfrentar questões relacionadas ao futuro do trabalho ninguém pode ficar alheio a esta área de atividade.

Sabemos hoje que alguns turistas internacionais vêm ao Brasil para cirurgia plástica e serviços odontológicos, devido à alta qualidade e baixo preço dos tratamentos. Certamente é preciso pensar em outras áreas de serviços pessoais, onde o país goza de vantagens comparativas.

Faço relembrar que Reich exclui algumas categorias de atividade de sua análise. Na emergente divisão internacional de trabalho, o Brasil deve virar cada vez mais uma fazenda do mundo (a não ser que uma revolução tecnológica destrua nossas atuais vantagens comparativas). Também é importante lembrar que existem trabalhos muito antigos que servem mercados novos, farmácias e cosméticos no mundo vendem ou processam produtos extraídos artesanalmente da floresta amazônica.

É na área de formação de analistas simbólicos que o país, e certamente a Escola Politécnica, terá que concentrar muitos de seus esforços num futuro próximo. É importante refletir sobre as condições estruturais que favorecem a emergência destes analistas.

Alguns analistas simbólicos certamente terão <u>conhecimentos híbridos</u>. Por exemplo, vejamos na sociologia da violência a emergência de um novo tipo de profissional que sabe fazer algoritmos de comportamentos criminosos e sociologia. Em todas as áreas de ciência e tecnologia, conhecimentos, até recentemente separados, estão sendo fundidos, e estes tendem a crescer.

Também, uma parte dos novos profissionais será necessariamente mais <u>cosmopolita</u>, e por esta razão capaz de incorporar de maneira criativa novos horizontes, estilos de vida e de lazer. Desde já, é possível ver como a ciência e as artes estão virando mais cosmopolitas através da união da razão e da tradição em campos, tais como a etnomedicina, etnopsiquiatria e etnomusicologia.

A capacidade de trabalhar de maneira <u>participativa</u> vai contribuir para valorizar conhecimentos locais em preferência a conhecimentos universais, e apostar na inteligência humana de muitos em vez da onipotência de poucos.

Os analistas simbólicos também terão <u>capacidades de inovação</u>, talvez na base de valores que não sejam utilitaristas, e saberão trabalhar com produtos não-materiais: vídeo, filmes, publicidade e música. Nestas áreas, o país tem algumas vantagens comparativas.

O governo anunciou uma lista de indústrias que farão parte das prioridades de desenvolvimento, aqui também vai haver muita demanda pelos serviços de analistas simbólicos, os setores escolhidos são: bens de capital, produtos farmacêuticos e medicamentos, semicondutores, software, biotecnologia, nanotecnologia e biomassa. (Salerno, 2005)

Antes de terminar este tratamento, tão rápido quanto incompleto, vou trazer uma outra informação sobre o país que vai influenciar, de maneira crescente, o destino do Brasil. Sabemos todos que a China está engajada em um grande esforço para virar a fábrica do mundo, o maior centro de produção em massa no planeta. Nem todos sabem, porém, que o governo da China está também bastante empenhado num esforço de produzir uma geração de analistas simbólicos. O distrito de Haidian em Pequim oferece um claro sinal: "Em uma área de menos de dez quilômetros quadrados há 68 universidades e 213 institutos de pesquisa. ... Nesta pequena área há 380.000 cientistas, engenheiros e professores. A população de estudantes universitários chega a 230.000." (Cheng, 2003, 322)

Conclusão

Certamente vivemos em um mundo, no qual identificar vantagens comparativas, fortalecer a inovação, melhorar o sistema educacional, os marcos jurídicos, a infra-estrutura e a eficiência vão fazer parte de projetos em mesmo tempo locais e nacionais, no Brasil e em todos os países com os quais competimos.

Depois de um período, onde parecia que o Estado Brasileiro lavava as mãos e recusava-se a apostar em políticas de desenvolvimento, há indícios de que voltará a apostar. Algumas apostas darão certo e outras vão dar errado.

Mas hoje parece existir mais sombras do que no passado: 11 de setembro, os escândalos financeiros em grandes empresas tal como Enron, as epidemias de SARS e AIDS demonstram a existência de grandes riscos que ameaçam os tecidos de sociedades contemporâneas e, no caso da AIDS, de todo um subcontinente. Vivemos os riscos do desenvolvimento e da crescente interdependência entre países e povos.

Para alguns autores não haverá trabalho suficiente para todos que desejam trabalhar. Assim, na análise de Ulrich Beck (2000), se apresentam duas possibilidades. Nas economias centrais a primeira seria o que ele chama de uma 'brasilianização' das sociedades, na qual haverá um enorme grupo de pessoas sem direitos e sem o poder de construir projetos, enquanto um outro grupo, privilegiado, trabalharia tanto no papel de analistas simbólicos ou em qualquer outro trabalho de natureza fixa. A segunda possibilidade, nas economias desenvolvidas, seria uma transformação das idéias sobre as políticas de trabalho, isto poderia acontecer a partir da suposição de que o fim da sociedade de trabalho abre novos horizontes para a criatividade humana e impõe necessariamente aos sistemas políticos a necessidade de pensar em como garantir a redistribuição de renda e a conservação da dignidade humana.

Mas o leitor vai lembrar que abri este *paper* com uma demonstração de que profecias sobre o futuro podem se comprovar equivocadas. É patente que estamos diante de algumas pressões que indicam que o futuro do trabalho vai ser muito diferente de seu passado e para muitos grupos ocupacionais: trabalhadores nas indústrias de transformação, professores de ensino fundamental e médio, sociólogos, policiais, trabalhadores no setor de turismo entre tantos outros. Podemos ter a certeza de que novas profissões vão emergir, mais cosmopolitas, mais interdisciplinares. Estas observações impõem desafios para a própria produção do conhecimento. O convite feito para escrever este texto forçou-me a refletir sobre meu próprio futuro e também sobre minha própria produção científica. Espero, nestes tempos de tantas incertezas, que minhas reflexões possam ajudar os leitores a refletir sobre suas próprias práticas e seus futuros.

Para concluir, devo dizer que mais que nunca continuo Pascaliano no sentido em que é necessário pensar o todo e as partes, o macro e o micro juntos. Mais que nunca privilegio a análise científica de processos subjetivos, porque estes processos são os únicos que nos permitem ter acesso à realidade tal como ela é vivida por todos nós. Insisto também na centralidade do conceito de poder, conceito que sobrevive há mais que 2.000 anos e que ajuda sempre a organizar o pensamento sobre a sociedade.

Também estou convencido de que, apesar das melhores intenções, as mudanças conduzidas por atores poderosos produzirão sempre efeitos perversos: a industrialização produz acidentes do trabalho, a informatização leva aos paradoxos da produtividade, amanhã haverá outros efeitos. Efeitos estes que, por sua vez, levarão a pesquisas de natureza interdisciplinar e contribuirão à renovação do pensamento no sentido de obrigar a pensar os problemas da humanidade de forma mais integrada. Nas palavras de Edgar Morin (2002), "nosso problema é religar tudo que foi artificialmente separado". Essa idéia tem uma importância na cena contemporânea, porque, estamos numa época planetária e temos muitos meios de separar este conhecimento, mas poucos para pensar nosso destino planetário. Esse é nosso desafio, porque temos à nossa frente uma catástrofe provável.

Bibliografia

Beck, U. The Brave New World of Work. Cambridge, Polity Press, 2000.

Cheng, J. (org), China's Challenges in the Twenty-first Century. Hong Kong, City Univerity of Hong Kong Press, 2003.

CIA 2005. http://www.cia.gov/cia/publications/factbook/geos/br.htm e http://www.cia.gov/cia/publications/factbook/geos/ch.html (consultados no dia 8 de julho de 2005)

DELORS, J. et al. Educação: um tesouro a descobrir. Relatório para a Unesco da Comissão Internacional sobre Educação para o Século XXI. São Paulo: Cortez, Unesco, MEC, 1997.

Dwyer, T. Um Salto no Escuro: Um ensaio interpretativo sobre mudanças técnicas. Revista de Administração de Empresas. V. 29, no. 4, 29-44, 1989.

Dwyer, T. Secretários, Autores e Engenheiros: Ordem e mudança entre adolescentes usuários de computadores. Teoria e Sociedade, n. 2, pp. 125-76, 1997.

Dwyer, T. Abordagens participativas nos Estudos do Trabalho: notas sobre uma hipótese a respeito da interdisciplinaridade. Em Sobral, F. A da F. e Porto, M. S. G. (orgs) A Contemporaneidade Brasileira: Dilemas e desafios para a imaginação sociológica. Santa Cruz do Sul, EDUNISC. pp. 329-360, 2001.

Dwyer, T. Informatização nas Escolas de Ensino Médio: Uma Reflexão Sociológica. In Rubem, G., Wainer, J. e Dwyer, T. 2003. pp.189-222, 2003.

Ferraz, F. C. s.d. Luís Mir (entrevista) Revista Security N° 51. http://www.cipanet.com.br/entrevista_full.asp?id=5&n=51 "Contingente de seguranças privados no Brasil 600 mil. Contingente de seguranças privados clandestinos no Brasil 1,8 milhão. Fonte: Fenavist, 2004." (site consultado no dia 8 de julho de 2005).

Morin, E. A aternativa de Morin à catástrofe provável. Estado de São Paulo, dia 25 de agosto, p. D 10, 2002.

Reis, J. Turismo: Brasil que atrair 120 mil chineses até 2007. http://www2.uol.com.br/infopessoal/noticias/_HOME_OUTRAS_359173.shtml (consultado no dia 8 de julho de 2005), 2005

Rubem, G., Wainer, J. e Dwyer, T. (orgs). Informática, organizações e Sociedade no Brasil. São Paulo, Editora Cortez, 2003.

Salerno, M. Política Industrial, Tecnológica e de Comércio Exterior. Brasília, IPEA. (apresentação em 'powerpoint' disponível no site www.ipea.gov.br - consultado no dia 8 de julho de 2005))www.nua.ie e também ver http://www.clickz.com/stats/sectors/geographics/article.php/5911_2205881, 2005.

Uso de modelos de prospecção por instituições de formação profissional

Luiz Antonio Cruz Caruso
*Coordenador da Unidade
de Tendências
e Prospecção SENAI
Departamento Nacional*

Introdução

As mudanças econômicas e produtivas impulsionadas pelo processo de globalização promoveram, particularmente na última década, alterações expressivas na estrutura ocupacional, no conteúdo de trabalho e nos requisitos exigidos para o exercício profissional. A competição acelerou a adoção de novas tecnologias de produção e de organização pelas empresas, as quais modificaram substancialmente as competências necessárias para o exercício profissional, com reflexos no surgimento e desaparecimento de ocupações.

Uma das estratégias da reestruturação produtiva foi focalizar as ações no negócio principal da empresa, terceirizando as demais atividades. Esse processo se deu de forma muito rápida e intensa, ampliando consideravelmente tanto as relações de interdependência entre empresas líderes e subcontratadas, quanto a heterogeneidade estrutural no mercado de trabalho.

A heterogeneidade estrutural pode ser vista pelas diferenças entre os padrões de competitividade de micro, pequenas e médias empresas (PEMES), pelo amplo leque de remunerações e pelas diferenças significativas de qualificações dos trabalhadores entre regiões geográficas. A estrutura ocupacional é um fator que influencia tanto a competitividade das empresas (adoção de modelos de enquadramento, recrutamento, seleção, remuneração e desenvolvimento profissional), quanto na remuneração dos trabalhadores, pois as ocupações são uma referência importante para o padrão de rendimentos no mercado de trabalho.

A construção de cada ocupação é um processo histórico, no qual interagem as regulamentações emanadas de esferas governamentais ligadas ao mercado de trabalho, o sistema educacional e as instituições de formação profissional, por meio da formalização de saberes gerais e profissionais, as empresas, com suas estratégias de negócio, tecnologias e formas de gestão, os sindicatos e as associações de classe, que intervêm nas negociações salariais e delimitam os campos de atribuições das categorias profissionais que representam, entre outras instituições.

A competitividade de uma dada empresa depende fortemente da mobilização produtiva de qualificações dos trabalhadores de várias ocupações. Do mesmo modo, a remuneração dos trabalhadores está fortemente condicionada pela natureza das ocupações que exercem e por suas próprias características pessoais. Definir políticas de formação profissional com vistas a reduzir a heterogeneidade existente no mercado de trabalho, tendo como eixo principal a estrutura ocupacional, ganha uma nova amplitude quando se monitora o comportamento futuro das ocupações, associado a características da demanda e da oferta da força de trabalho.

Como as instituições de formação profissional atuam na constituição de competências transversais que são mobilizadas em diferentes elos de cadeias produtivas e de redes de subcontratação, podem contribuir para reduzir a heterogeneidade estrutural do mercado de trabalho. Este tema será discutido ao longo deste artigo.

Essa discussão será conduzida tendo como pano de fundo configurações futuras do mercado de trabalho, obtidas por meio do Modelo SENAI de Prospecção. Ao termos, previamente, conhecimento de quais são as principais tendências futuras do mercado de trabalho, podemos definir programas de formação profissional que reforcem aquelas tendências que, por exemplo, reduzam, ou pelo menos não acentuem, a heterogeneidade estrutural do mercado de trabalho.

Apresentaremos, a seguir, as metodologias do Modelo SENAI de Prospecção e alguns resultados alcançados com sua aplicação nos quatro setores estudados. A partir desses resultados, discutiremos ações de formação profissional que não aprofundem a heterogeneidade do mercado de trabalho.

Modelo SENAI de Prospecção[1]

O Senai é uma instituição brasileira que forma pessoal qualificado para a indústria. E o conhecimento do comportamento futuro da demanda por pessoas qualificadas habilitaria a instituição a melhor lidar com ciclos econômicos e prepará-las. Este foi o fator motivador inicial para a construção do Modelo SENAI de Prospecção.

A natureza das ocupações costuma ser um item importante de análise ocupacional por instituições de formação profissional. Por exemplo, as ocupações ligadas ao processo de convergência tecnológica, vêm apresentando uma forte demanda por parte das empresas e sua participação cresce em diferentes segmentos e setores

---

[1] Este capítulo está baseado em Caruso, Luiz, Tigre, P. – Modelo SENAI e Prospecção Documento Metodológico. CINTERFOR/Organização Internacional do Trabalho. Montevidéu, 2004.

da economia. Se soubéssemos como o processo de convergência tecnológica se comportaria no futuro próximo, poderíamos organizar programas de capacitação de trabalhadores que facilitassem a inserção profissional nas novas ocupações demandadas.

Outras ocupações, dedicadas a um ou a poucos setores, são muito mais sensíveis a ciclos econômicos e à introdução de novas tecnologias. Se pudéssemos saber com antecedência que tecnologias teriam potencial de serem adotadas nos processos produtivos, poderíamos promover programas que facilitassem a movimentação dos trabalhadores para ocupações mais estáveis.

Por outro lado, é recorrente o fato de que, quando a economia entra em um ciclo de expansão, intensifica-se a procura por mão-de-obra qualificada, o que tende a provocar escassez deste tipo de profissionais. Essa escassez traz prejuízos para empresas, trabalhadores e governos, uma vez que pode inibir, retardar ou mesmo impedir a expansão da atividade econômica e o desenvolvimento social. Se soubéssemos qual seria o comportamento cíclico dos setores, poderíamos nos preparar para formar trabalhadores qualificados que seriam demandados nas fases ascendentes dos ciclos econômicos e também promover programas de requalificação para trabalhadores que seriam deslocados nas fases descendentes dos ciclos econômicos.

Por essas razões, o Serviço Nacional de Aprendizagem Industrial – SENAI, instituição de direito privado responsável pela formação profissional dos trabalhadores da indústria brasileira, desenvolveu o Modelo SENAI de Prospecção. Utilizando-se de metodologias de prospecção tecnológica e organizacional, realizando análises de tendências ocupacionais, estudando sistemas ocupacionais e de formação profissional de outros países, o Modelo permite estimar a quantidade necessária de trabalhadores qualificados para um futuro próximo, identificar mudanças esperadas nos perfis destes trabalhadores e inferir mudanças para a formação profissional. Sinteticamente, os procedimentos metodológicos são os seguintes:

1) Estimativa da quantidade de trabalhadores qualificados: tem por objetivo identificar a taxa esperada de crescimento de ocupações qualificadas, em setores industriais escolhidos, com base na:
- Realização de estimativas da variação da demanda final e projeção da variação no emprego por setor;
- Realização de estimativas da variação do emprego por ocupação, em setores escolhidos e nos Estados.

2) Identificação de mudanças prováveis no perfil da ocupação: tem por objetivo identificar mudanças prováveis no perfil profissional de ocupações qualificadas, por meio da:
- Realização de uma prospecção de tecnologias emergentes específicas a setores industriais para um período de 5 a 10 anos e de uma análise de impactos ocupacionais.
- Realização de uma prospecção de Novas Formas de Organização do Trabalho para setores industriais para um período de 10 anos e de uma análise de impactos ocupacionais.

➡ Identificação de ocupações e funções que estão emergindo em outros países e de uma análise de aderência à realidade industrial brasileira.

➡ Realização de estudos sobre temas que trazem impactos para o perfil profissional de ocupações qualificadas.

3) Identificação de mudanças prováveis na oferta de educação profissional: tem por objetivo identificar mudanças prováveis em cursos regulares de educação profissional e em programas de requalificação, com base na:

➡ Identificação de mudanças na oferta de educação profissional em países selecionados, para setores industriais específicos.

➡ Análise integrada de impactos ocupacionais e educacionais, no âmbito de Antenas Temáticas.

Para o desenvolvimento deste Modelo, o SENAI estabeleceu convênios com cinco grandes universidades brasileiras – Universidade Federal do Rio de Janeiro, Universidade de São Paulo, Universidade Estadual de Campinas, Pontifícia Universidade Católica do Rio de Janeiro, Universidade de Brasília – além de contar com vários consultores independentes e empresas de consultoria especializadas. A implementação do Modelo vem contando com a participação de especialistas de escolas e de Departamentos Regionais do SENAI, assim como com especialistas de empresas, institutos de pesquisas e de universidades, tendo envolvido cerca de 200 especialistas no ano de 2004.

A seguir, apresentaremos alguns resultados dos setores industriais pesquisados em 2004, a saber: máquinas e equipamentos, petroquímica, têxtil e telecomunicações. Procuraremos dar uma visão dos resultados obtidos e indicar como as instituições de formação profissional poderiam atuar.

Setor de Máquinas e Equipamentos[1]

Trata-se de um setor que define parte significativa da produtividade da indústria de manufatura, por ser um setor difusor do progresso técnico. Tende a antecipar os ciclos econômicos, principalmente nos setores automobilístico, eletroeletrônico, metal-mecânico e aeroespacial, seus principais demandantes.

Para garantir a homogeneidade das prospecções tecnológica e organizacional, a aplicação das metodologias concentrou-se no segmento produtor de máquinas-ferramenta (MF). Fabricantes de máquinas especiais, convencionais e a comando numérico tendem, em diferentes graus, a transferirem partes da fabricação de produtos para redes de sistemistas e de fornecedores de componentes e a ampliarem atividades de serviços e de pós-venda.

A formação dessa rede, parte integrante de uma nova estratégia de negócios, requer melhor coordenação

---

[2] Este item está baseado em: Caruso, L., Pio, M. Recomendações Setor de Máquinas e Equipamentos. SENAI. Brasília, 2005; Naveiro, R. Estudo setorial máquinas e equipamentos. SENAI. Brasília, 2005; Lima, M.I. Ocupações Emergentes Setor de Máquinas e Equipamentos. SENAI. Brasília, 2005; Fleury, A. C. e outros. Previsão de Impactos Ocupacionais decorrentes de novas formas de organização do trabalho. SENAI. Brasília, 2004

da cadeia produtiva, decorrente do crescimento da interdependência entre os diferentes agentes que integram a rede e da necessidade de ampliação das relações entre equipes de projeto (empresas fabricantes) e de produção (fornecedoras de subsistemas). No plano tecnológico e de manufatura, tal estratégia é, em grande medida, viabilizada por algumas trajetórias tecnológicas, dentre as quais podemos destacar as seguintes:

a) Integração de tecnologias de fabricação com tecnologias de informação e comunicação: construção de bancos de dados para a realização de diagnóstico e treinamento remotos, manufatura virtual e desenvolvimento de novos produtos.

b) Aumento dos processos de conformação e redução dos processos de usinagem de desbaste: implica o desenvolvimento de centros de usinagem com 5 ou 6 eixos e centros de usinagem multifuncionais e com módulos semi-independentes, que podem ser combinados conforme a necessidade de clientes.

O desenvolvimento de máquinas modulares (a partir de módulos será possível construir uma grande combinação de máquinas diferentes) criará uma nova estrutura de produção e de fornecimento, uma vez que existe a tendência de os fabricantes de máquinas convencionais se transformarem em fornecedores de subsistemas. Além disso, processos de certificação serão crescentemente requeridos pelos fabricantes aos fornecedores de subsistemas e de componentes, incluindo certificação de pessoas, processos e produtos.

Mudanças na formação profissional

As instituições de formação profissional devem estimular a tendência ao crescimento da interdependência na rede formada por fabricantes, fornecedores de subsistemas e de componentes para promoverem um nivelamento por cima das competências mobilizadas nesta rede. O uso das tecnologias de informação e de comunicação irá criar novas competências associadas a gerenciamento e logística e passará a ter um peso fundamental nesse processo de capacitação. A certificação de pessoas pode se transformar, no médio prazo, em um referencial que servirá de orientação para trabalhadores, empresas e instituições de formação profissional.

Setor petroquímico[2]

O setor petroquímico pode ser classificado em três principais gerações de produtos. A primeira geração compreende as indústrias que se dedicam à produção de produtos petroquímicos básicos, tais como propeno e butadieno. A segunda geração compreende as indústrias que transformam produtos petroquímicos básicos em produtos petroquímicos finais, como por exemplo o polivinilcloreto, mais conhecido como PVC. A tercei-

---

[2] Este item está baseado em: Caruso, L., Pio, M. Recomendações Setor Petroquímico. SENAI. Brasília, 2005; Lindaura, R. Estudo setorial petroquímica. SENAI. Brasília, 2005; Lima, M.I. Ocupações Emergentes Setor Petroquímico. SENAI. Brasília, 2005; Fleury, A. C. e outros. Previsão de Impactos Ocupacionais decorrentes de novas formas de organização do trabalho. SENAI. Brasília, 2004.

ra geração compreende as indústrias que transformam produtos finais em produtos químicos ou outros produtos de consumo. Neste setor enquadram-se, por exemplo, as indústrias de plástico, que são responsáveis por uma grande maioria de produtos fabricados a partir de compostos petroquímicos.

As atividades de trabalho nas duas primeiras gerações compreendem, basicamente, a monitoração de processos contínuos. Esta monitoração é realizada através de painéis de controle, onde são reguladas variáveis de processamento, tais como temperatura e pressão. Na terceira geração, em que são fabricados produtos finais, as atividades de trabalho em geral envolvem a operação de máquinas que realizam processos específicos, tais como de moldagem e extrusão.

A prospecção tecnológica e organizacional foi realizada considerando as empresas da segunda geração e as tecnologias prospectadas sinalizam para estratégias de otimizaçao de uso da capacidade instalada, por meio do aumento do controle, gestão e uso de tecnologias limpas e do desenvolvimento de novos produtos. O desenvolvimento de novos produtos vem acompanhado da criação de laboratórios de aplicação que adaptam produtos a necessidades de clientes. Isto se traduz na reativação das atividades de P&D.

Algumas possíveis explicações para estas tendências estão abaixo enunciadas:

a) As plantas da segunda geração da petroquímica brasileira são antigas e caras e parte significativa do conhecimento sobre as mesmas reside em operadores, técnicos e engenheiros, que se encontram empregados há um período de tempo superior à média da indústria de transformação.

b) Esta tendência a uma maior estabilização do coletivo dos trabalhadores decorre do fato de que uma parcela muito grande dos conhecimentos provém da prática (conhecimento tácito). Competências comportamentais são crescentemente exigidas, uma vez que é preciso compartilhar os conhecimentos sobre o funcionamento da planta, principalmente em situações de disfunções da mesma. Panes são equacionadas ou prevenidas em função de uma mobilização rápida desses conhecimentos (requerendo autonomia para intervenção em eventos aleatórios) e tais conhecimentos estão distribuídos entre operadores, técnicos e engenheiros.

c) A tendência ao desenvolvimento de novos produtos decorre da necessidade de se flexibilizar o uso da capacidade instalada, abandonando a perspectiva de somente produzir *commodities*. Isto requer conhecimento altamente especializado de vendas, para demonstrar para clientes (que se encontram na indústria de transformação – 3ª geração) as propriedades dos novos produtos. Em certos casos, ocorre a contratação de especialistas em plásticos para conhecer necessidades de clientes e informar corretamente aos profissionais de processos, características de comportamento dos materiais poliméricos que serão produzidos, que atendem às necessidades identificadas nas consultas a clientes. Os profissionais de processo deverão conhecer crescentemente materiais em estado sólido, inclusive operando novos equipamentos, como extrusores e moldadores.

d) As empresas destacaram um conjunto de competências pessoais requeridas tanto para os operadores, como para técnicos e engenheiros, quais sejam: consciência ecológica; consciência social; trabalho em equipe; criatividade; empreendedorismo; visão global; foco no cliente; aprendizagem contínua e pró-atividade.

Mudanças na formação profissional

As instituições de formação profissional deveriam desenvolver novos conteúdos em: consciência ecológica e social; trabalho em equipe; criatividade; visão holística do processo; foco no cliente; aprendizagem contínua e pró-atividade. Gestão da produção com visão global da cadeia produtiva (relações de compra e venda, logística, gestão de estoques e suprimento).

2.3. Setor Têxtil[3]

A cadeia produtiva têxtil possui grande heterogeneidade em função da natureza dos diversos segmentos que a compõem. Nos anos 90 passou por um intenso processo de modernização em função da abertura comercial e da perda de competitividade frente a competidores internacionais. Essa modernização atingiu fundamentalmente aspectos, como introdução da microeletrônica nas funções de produção e de comercialização, aumento da flexibilidade produtiva, melhoria nas estruturas de comercialização, entre outros.

Com a tendência de as empresas se orientarem mais para o mercado, a relação com o consumidor passou a ter um peso estratégico na competição dos mercados têxteis. Os principais formatos observados nessa tendência são:

a) Produtores com marca: as empresas tendem a se concentrar mais em *marketing*, *design* e desenvolvimento de produtos, terceirizando as atividades de menor valor agregado;

b) Comercializadores com marca: são os chamados fabricantes sem fábricas, que possuem suas competências focalizadas em *design* e co-

---

[3] Este item está baseado em: Caruso, L., Pio, M. Recomendações Setor Têxtil. SENAI. Brasília, 2005; Lebvre, R. Estudo setorial têxtil. SENAI. Brasília, 2005; Lima, M.I. Ocupações Emergentes Setor Têxtil. SENAI. Brasília, 2005; Fleury, A. C. e outros. Previsão de Impactos Ocupacionais decorrentes de novas formas de organização do trabalho. SENAI. Brasília, 2004.

mercialização, e possuem as atividades produtivas totalmente terceirizadas;

c) Varejistas: são as grandes redes de varejo ocupando espaços na comercialização de têxteis e criando novos mecanismos de governança.

As trajetórias tecnológicas identificadas estão associadas ao aumento da flexibilidade (incorporação da microeletrônica e de novas formas de organização) e ao desenvolvimento de novos materiais.

Mudanças na formação profissional

Em função dessas tendências identificadas, as instituições de formação profissional deveriam: a) criar cursos de especialização em *design*, eletroeletrônica e eletromecânica; gerência de operações do processo fabril têxtil; comércio exterior; b) aprimorar competências comportamentais.

2.4. Setor de Telecomunicações[4]

O mercado de serviços de telecomunicações no Brasil apresentou forte expansão ao longo dos anos

---

[4] Este item está baseado em: Caruso, L., Pio, M. Recomendações Setor de Telecomunicações. SENAI. Brasília, 2005; Oliva, R., e outros. Estudo setorial telecomunicações. SENAI. Brasília, 2005; Lima, M.I. Ocupações Emergentes Setor de Telecomunicações. SENAI. Brasília, 2005; Fleury, A. C. e outros. Previsão de Impactos Ocupacionais decorrentes de novas formas de organização do trabalho. SENAI. Brasília, 2004.

90, seguindo pouco abaixo do comportamento desse mercado no plano internacional. A participação da telefonia móvel apresentou forte crescimento, mas ainda encontra-se muito abaixo do padrão internacional. Os serviços móveis de dados, que representam a maior parcela do faturamento das empresas do setor de telecomunicações nos países centrais, não alcançam 3% no mercado brasileiro. Por outro lado, a estrutura da indústria, os papéis que as empresas desempenham e as relações entre as empresas mudaram freqüente e rapidamente ao longo dos anos 90.

Neste sentido, pode-se esperar que as empresas do setor se organizem como operadoras, integradoras, desenvolvedoras e produtoras e a empresa que exercerá a governança na cadeia produtiva é aquela que está em condições de "definir o serviço" a ser entregue ao cliente final. As demais empresas da cadeia atuariam de acordo com o comando da primeira empresa.

As trajetórias tecnológicas do setor para os próximos 10 anos estão assentadas na ampliação das seguintes dimensões: digitalização dos serviços de telecomunicações; convergência tecnológica – voz, dados e imagens; interoperabilidade entre equipamentos; redes e aplicações de software; aumento da largura da banda.

Considerando o padrão de gestão e de acumulação das empresas do setor em nível internacional e as principais trajetórias tecnológicas, é possível inferir o seguinte para os próximos anos:

a) Tendência de aumento dos serviços móveis, o que implicará no aumento de atividades de especificação das características dos serviços;

b) Ampliação das atividades de manutenção e de instalação e as centrais de atedimento;

c) No que se refere ao desenvolvimento de produtos e serviços: a concepção do *hardware* permanecerá centralizada nos laboratórios de empresas estrangeiras. Nos países periféricos continuará sendo feita a customização de produtos e serviços (basicamente desenvolvimento de *softwares* de aplicação) em função das especificidades locais.

Mudanças na Formação Profissional

As instituições deveriam criar cursos de desenvolvimento de sistemas com foco em aplicação em várias interfaces; desenvolvimento de *softwares* em telecomunicações; gestão da produção para técnicos em telecomunicações, que está atuando crescentemente na área de serviços.

Considerações sobre políticas de formação profissional em um contexto de mudanças no mercado de trabalho

Procuramos mostrar nos itens anteriores como os resultados do Modelo SENAI de Prospecção podem identificar tendências no mercado de trabalho e quais cursos ou programas poderiam ser desenvolvidos.

Contudo, esse processo poderia contribuir para um aprofundamento da heterogeneidade estrutural, porque existe uma grande probabilidade de os trabalhadores formados com os novos perfis se inserirem predominantemente em empresas que operam na fronteira tecnológica, que têm maior capacidade de adoção de novas tecnologias e novas formas de organização, ampliando assim o *gap* de competitividade existente nas redes de subcontratação que lideram.

Em cada setor econômico, formaram-se redes de sub-contratação com diferentes tipos de configuração, devido as funções que a tecnologia e a inovação jogam na competição entre as empresas. A competitividade sistêmica decorre de relações de interdependência entre as empresas de uma rede de subcontratação, que é profundamente afetada pela heterogeneidade estrutural presente na rede. Como o processo de difusão tecnológica ocorre de forma diferenciada entre as empresas que integram uma rede de subcontratação, a indução da difusão, promovida pela utilização da prospecção por instituições de formação profissional, poderia reduzir a heterogeneidade estrutural por meio da ampliação da competitividade sistêmica nas redes de subcontratação.

Uma variável importante no processo de difusão tecnológica é a capacidade de aprendizado tecnológico de uma empresa, que se correlaciona positivamente com o nível de qualificação profissional do conjunto de trabalhadores dessa empresa. Dependendo de como se estruturem cursos e programas de qualificação profissional, pode-se modificar a capacidade de aprendizado tecnológico de empresas, e no caso específico, de empresas de uma mesma rede de subcontratação.

Com base nos resultados do Modelo SENAI de Prospecção é possível saber como determinadas tecnologias e formas de organização irão se difundir em um futuro próximo e desenvolver, com razoável antecedência de tempo, ações de capacitação profissional que modifiquem a curva de aprendizado tecnológico do conjunto de empresas de uma dada rede de subcontratação. Uma questão seria, então, a de como estruturar programas de capacitação profissional baseados em competências técnicas e comportamentais que seriam demandadas, em um futuro próximo, por todas as empresas de uma rede.

Como vimos anteriormente, é possível identificar tais competências, pois as mesmas decorreriam da adoção de algumas das tecnologias e formas de organização prospectadas para os quatro setores estudados no âmbito do Modelo SENAI de Prospecção – têxtil, petroquímica, máquinas e equipamentos e telecomunicações. Desse modo, foi possível constatar que algumas competências de natureza gerencial e comportamental, de vendas e que envolvem o domínio de tecnologias de informação e de comunicação, são mobilizadas atualmente, com diferentes graus de intensidade por grandes empresas e PEMES (pequenas e médias empresas) e que no futuro próximo (10 anos) esta intensidade irá crescer muito. Este é, portanto, um primeiro parâmetro a ser utilizado para balizar programas de capacitação voltados para redes de subcontratação.

Além dessas competências, outras que foram identificadas estão estreitamente relacionadas à conformação de redes nos quatro setores estudados.

- Gestão de logística em redes de subcontratação;
- Domínio de tecnologias de informação e de comunicação;

Finalizando, nossa hipótese é a de que o desenho de programas de capacitação profissional, que levasse em conta esses conteúdos, para empresas integrantes de uma mesma rede de subcontratação, poderia contribuir para reduzir a heterogeneidade estrutural. Ou seja, tais programas contribuiriam para ampliar a capacidade de aprendizado tecnológico e a competitividade sistêmica de todas as empresas de uma rede.

Bibliografia

Caruso, Luiz, Tigre, P. – Modelo SENAI e Prospecção Documento Metodológico. CINTERFOR/Organização Internacional do Trabalho. Montevidéu, 2004.

Caruso, L., Pio, M. Recomendações Setor Petroquímico. SENAI. Brasília, 2005.

Caruso, L., Pio, M. Recomendações Setor Têxtil. SENAI. Brasília, 2005.

Caruso, L., Pio, M. Recomendações Setor de Máquinas e Equipamentos. SENAI. Brasília, 2005.

Caruso, L., Pio, M. Recomendações Setor de Telecomunicações. SENAI. Brasília, 2005.

Dubar, C. e Tripier, P. Sociologie des professions. Armand Colin. Paris, 1998.

Fleury, A. C. e outros. Previsão de Impactos Ocupacionais decorrentes de novas formas de organização do trabalho. SENAI. Brasília, 2004.

Jobert, A. Marry, C. Tanguy, L. Éducation et Travail en Grande-Bretagne, Allemagne et Italie. Armand Colin. Paris, 1995.

Labarca, G. Reformas económicas y formación. CINTERFOR/CEPAL/GTZ. Montevidéu, 2003.

Lebvre, R. Estudo setorial têxtil. SENAI. Brasília, 2005.

Lima, M.I. Ocupações Emergentes Setor Petroquímico. SENAI. Brasília, 2005.

Lima, M.I. Ocupações Emergentes Setor Têxtil. SENAI. Brasília, 2005.

Lima, M.I. Ocupações Emergentes Setor de Máquinas e Equipamentos. SENAI. Brasília, 2005.

Lima, M.I. Ocupações Emergentes Setor de Telecomunicações. SENAI. Brasília, 2005.

Lindaura, R. Estudo setorial petroquímica. SENAI. Brasília, 2005.

Naveiro, R. Estudo setorial máquinas e equipamentos. SENAI. Brasília, 2005.

Oliva, R., e outros. Estudo setorial telecomunicações. SENAI. Brasília, 2005.

UNESCO-UNEVOC. Orienting technical and vocational education and training for sustainable development. UNESCO. Boon, 2004.